O SENHOR DAS TERRAS

Wilson Frungilo Jr.

INSTITUTO DE DIFUSÃO ESPÍRITA
Av. Otto Barreto, 1067 - Caixa Postal 110
CEP 13602-970 - Araras - SP - Brasil
Fone (19) 3541-0077 - Fax (19) 3541-0966
C.G.C. (MF) 44.220.101/0001-43
Inscrição Estadual 182.010.405.118

IDE EDITORA É APENAS UM NOME FANTASIA UTILIZADO
PELO INSTITUTO DE DIFUSÃO ESPÍRITA,
O QUAL DETÉM OS DIREITOS AUTORAIS DESTA OBRA.

www.ide.org.br
info@ide.org.br
vendas@ide.org.br

Capa:
César França de Oliveira

© 1996, Instituto de Difusão Espírita

6ª edição – outubro/2008
5.000 exemplares
(43.001 ao 48.000)

FICHA CATALOGRÁFICA

(Preparada na Editora)

Frungilo Júnior, Wilson, 1949-

F9631   *O Senhor das Terras* / Wilson Frungilo
Júnior, Araras, SP, IDE, 6ª edição, 2008.

272 p.

ISBN 978-85-7341-413-4

1. Romance 2. Espiritismo. I. Título.

CDD-869.935
-133.9

Índices para catálogo sistemático:

1. Romance: Século 20: Literatura brasileira 869.935
2. Espiritismo 133.9

ÍNDICE

I	9
II	19
III	29
IV	47
V	61
VI	81
VII	97
VIII	111
IX	125
X	139
XI	155
XII	171
XIII	185
XIV	201
XV	215
XVI	231
XVII	249
XVIII	265
XIX	269
XX	271

I

— Estou impressionada com você, Alfredo – comenta Iolanda, sorrindo para o marido. – Realmente, está uma beleza a arrumação que você fez em suas coisas. Seu escritório estava, mesmo, precisando.

Alfredo devolve o sorriso.

— Já estava na hora de me organizar um pouco e de você tomar conhecimento de tudo o que possuímos, dos aluguéis, das contas bancárias. Afinal de contas, tudo isso também é seu.

— E esta pasta grande, aqui?

— Ah, sim, preciso colar uma etiqueta. Ela contém as escrituras dos imóveis alugados, e esta outra, os impostos pagos. Esta aqui, também, é muito importante. Guardo, nela, as declarações de renda dos últimos anos, e nesta, as apólices de seguro de vida.

— Seguro de vida?! Não quero nem pensar nisso.

– Por que não? Quando eu falecer, você receberá um bom dinheiro que a auxiliará, em muito, principalmente nos estudos de Carlinhos e Camila.

– Ora, Alfredo, pare com essa conversa. Você não irá morrer antes de eles se formarem.

– Estava, apenas, dando um exemplo, meu bem.

– E você sabe o quanto não gosto de falar nessas coisas.

– Mas onde estão as crianças? – muda, Alfredo, de assunto.

– Ainda estão dormindo. "Suas crianças" vieram tarde do baile, ontem – complementa Iolanda, divertindo-se com o marido, que ainda insiste em chamar os filhos de crianças. – Carlinhos já possui vinte e um anos e Camila, dezenove.

– Realmente, já estão adultos. Mas deixemos eles aproveitarem o domingo para descansar. Carlinhos, principalmente, tem dado duro lá na firma e tem estudado bastante para as provas da Faculdade.

– Estamos tendo muita sorte com os nossos filhos, não?

– Muita sorte. São estudiosos, obedientes e educados.

Alfredo conta com quarenta e cinco anos de idade e é um empresário bem sucedido no ramo de máquinas e ferramentas, possuindo diversas empresas bastante lucrativas, que lhe proporcionam uma vida material tranqüila e sem nenhum problema de ordem financeira. Iolanda, quarenta e três anos, formada em Arquitetura, preferiu, após o casamento, dedicar-se apenas à família, tornando-se excelente dona-de-casa e mãe extremadamente voltada para a educação dos filhos. Carlinhos trabalha com o pai, durante o dia e, à noite, cursa uma Faculdade de Administração de Empresas, enquanto Camila freqüenta um curso de preparação para vestibulares, pretendendo tentar, pela segunda vez, ingressar numa Faculdade de Medicina.

– Sabe, Alfredo, preciso lhe confessar uma coisa que vem me incomodando.

– Fale, querida.

– Eu não sei bem o que é... sabe?... Ultimamente, tenho sentido muito medo...

– Medo? Medo de quê?

– Não sei explicar. Ando nervosa, sempre esperando que alguma coisa de ruim venha a acontecer. É uma sensação tão estranha... Eu não era assim. Mas, de repente, comecei a sentir isso. Medo do futuro... Como já disse, não sei explicar.

– Não pense em coisas negativas, Iolanda. Seremos sempre felizes e, além do mais, não devemos pensar tanto em nós, mas, sim, em nossos filhos, aconteça o que acontecer.

– Aconteça o que acontecer?!... O que você quer dizer com isso?

– Nada, meu bem – tenta consertar Alfredo, parecendo esconder algo. – O que eu quis dizer é que devemos pensar no futuro de Carlinhos e Camila, sem nos preocuparmos, muito, conosco.

– Mas não disse que estou preocupada apenas conosco. Sinto-me preocupada com todos nós.

Alfredo abraça a esposa e acaricia-lhe os cabelos.

– Ouça, hoje é domingo, dia de descansar, não de preocupações sem sentido, tá?

Iolanda sente um estremecimento, pois percebe que o marido parece estar lhe escondendo algo, coisa que nunca o fez. Sempre foram muito abertos, procurando enfrentar, juntos, todos os obstáculos, nos vinte e dois anos de matrimônio, sem nada esconder um do outro.

– Mas vamos continuar com as pastas – pede Alfredo, interrompendo os pensamentos da esposa. – Esta daqui, em que está escrito "documentos"...

– E o que é isto? – interrompe Iolanda, ao encontrar uma solicitação médica de exames em uma das gavetas da escrivaninha.

Alfredo toma-lhe o papel das mãos e guarda-o, novamente.

– É apenas a cópia de um pedido de exames.

– Você está doente... ? Não me disse nada...

– Não, não, querida. Esqueci-me de lhe dizer. É que todos os meus amigos têm feito um *check-up,* anualmente, e vivem me dizendo que eu também deveria fazê-lo. Não tenho nada, não.

Mais uma vez, Iolanda percebe que o marido está lhe escondendo alguma coisa, mas prefere não insistir, imaginando vir, mais tarde, até o escritório, verificar aquele papel.

* * *

Já são quase onze horas quando Alfredo termina de explicar à esposa o significado e a importância do conteúdo de todas as pastas, cuidadosamente guardadas em um cofre. A seguir, ensina-lhe o segredo e a maneira de abri-lo.

– Alfredo, ainda não consegui entender o porquê de tudo isto.

– Iolanda, não se preocupe. Apenas estou sendo precavido. Todos nós não estamos sujeitos a uma doença, a uma cirurgia, sem que esperemos?

– Sim... mas...

– Então, meu bem, é bom que você saiba onde estão todos os documentos. Agora, faça-me um pequeno favor: verifique se o Carlinhos já se levantou e peça-lhe para que venha até aqui.

Iolanda franze o cenho e olha para o marido com o canto dos olhos.

– Vai explicar-lhe tudo isso, também?

Alfredo sorri diante da preocupação da esposa.

– É lógico que vou mostrar tudo a ele. É meu filho, já tem vinte e um anos e trabalha comigo. Aliás, já está na hora de ele cuidar, inclusive, de meus compromissos particulares; afinal de contas, um dia, tudo isto vai ser dele e de Camila, não é? Quero, também, que ele tome frente nos negócios daquela fazenda que estou pensando em adquirir.

– É... talvez você tenha razão... mas já lhe disse que não gosto dessas conversas... e aqui, nesta casa, ninguém vai faltar tão cedo, tá?

Iolanda abraça, carinhosamente, o marido.

– Tá? – insiste.

– Tá – concorda Alfredo, beijando a esposa. – Agora, peça para o Carlinhos vir até aqui.

* * *

– Pois achei de muita responsabilidade, por parte de papai, fazer o que está fazendo – comenta o filho, durante o almoço, ante o comentário da mãe.

– De minha parte, acho essa conversa tétrica e negativa demais – interfere Camila. – Na minha opinião, esses cuidados todos são para pessoas com mais de sessenta anos. Papai ainda é tão jovem, tão forte... tão bonito... tão atraente... não é, mamãe? – brinca a filha, explodindo em marota risada.

Todos riem. Aliás, Camila é a alegria da casa e, sempre de bom humor, consegue transmitir essa alegria a eles.

– Você tem razão, minha irmã. Papai, graças a Deus, possui muita saúde e não haveria razões para essa preocupação, agora. Mas continuo achando uma atitude de muita responsabilidade e acredito que todas as pessoas deveriam seguir esse exemplo. Afinal de contas, ninguém conhece o que o futuro lhe reserva. Nós não nos preparamos para tudo na vida? Deveríamos nos preparar, também, para a derradeira despedida.

– Olha, agora estou falando sério – interrompe Iolanda. – E espero ser levada a sério. Vamos parar com esse assunto. Vamos almoçar e falar de coisas alegres.

– Tem razão – concorda Alfredo. – Vamos falar da vida, de trabalho, de estudos, de...

– Pode parar, também – interrompe, rindo, Camila.
– De trabalho e de estudos? Neste lindo dia de domingo? Não. Vamos falar de descanso e de divertimentos.

– Prefiro não falar nada e continuar saboreando estes *champinhons* que mamãe preparou – fala Carlinhos.

– Estão uma delícia, mesmo – diz Alfredo, fazendo uma expressão de prazer.

– Uma salva de palmas para mamãe, a maior especialista em pratos com cogumelos.

Todos riem.

✳ ✳ ✳

– E, então, doutor Paes? – pergunta Alfredo, um tanto aflito e ansioso, ao médico.

Já é a oitava vez que Alfredo comparece àquele consultório no prazo de três meses, desde que fizera os primeiros exames, seguidos, depois, por mais três verdadeiras baterias de análises laboratoriais, raios X, tomografias e, finalmente, especializada junta médica. Tudo teve início quando começou a sentir algumas dores, primeiro, na região abdominal, depois, concentrando-se na garganta e, inclusive, modificando, um pouco, a sua voz. Eram dores perfeitamente suportáveis, mas bastante preocupantes, já que o doutor Paes, eminente e conceituado médico, resolvera efetuar vários exames, antes de chegar a um diagnóstico preciso, limitando-se, apenas, no momento, a receitar analgésicos, os quais Alfredo ingeria, às escondidas de seus familiares. Inclusive, havia sido realizada uma coleta de material que, também, disfarçara para que sua esposa e filhos não ficassem sabendo.

– Doutor, por favor... – insiste Alfredo, percebendo o médico pensativo e com o olhar fixo em algum ponto do espaço, apesar de parecer estar olhando para ele.

– Sinceramente, Alfredo... não sei o que dizer, ou melhor, não sei que atitude tomar.

– Mas... a que conclusão chegou a junta médica? O senhor reuniu os mais renomados médicos de seu conhecimento, especialistas de diversas áreas. Estudaram o meu caso por quase três meses...

– Sim...

– E a que conclusão chegaram? Pode falar, doutor Paes. Não tenha receio de me dizer a verdade. Não vai resolver nada, esconder-me alguma coisa...

O médico que, até aquele momento, estivera recostado no espaldar da cadeira, por detrás de sua escrivaninha, lança lentamente o corpo para a frente e apóia-se por sobre o tampo da mesa, a fim de colocar-se mais próximo a Alfredo. E, então, vestindo a fisionomia com grave expressão de sinceridade e o olhar com profunda nota de tristeza, revela o que lhe parece uma inevitável e inadiável sentença.

– Alfredo, você tem, apenas, mais alguns meses de vida.

– O quê?!!!

O médico permanece em silêncio.

– Mas como?!!! – insiste Alfredo.

– Infelizmente...

– O senhor tem certeza, doutor?

– Absoluta...

Alfredo limita-se a baixar os olhos por alguns intermináveis segundos, tentando refazer-se do choque. Ele temia algo de ruim, pois percebera a dificuldade de se chegar a um diagnóstico, mas ainda mantivera a esperança de que tudo não passasse de alguma doença curável. Lentamente, levanta os olhos para o médico.

– Quanto tempo de vida, doutor?

O médico demora um pouco para responder.

– Cerca de seis meses, no máximo.

– Será doloroso?

– Você será devidamente medicado. Atualmente, possuímos analgésicos muito potentes.

– Como será?

O médico vacila.

– Como será, doutor? – insiste.

– Não sei. Você tem um câncer maligno que, partindo do aparelho digestivo, já lhe tomou grande parte das vias aéreas superiores. Trata-se de uma doença, cujo ápice difere de pessoa para pessoa.

– E o senhor vai tentar alguma coisa?

– Infelizmente, Alfredo, na minha opinião e na dos outros colegas, não há nada a fazer, a não ser amenizar os efeitos que forem surgindo. Qualquer tipo de tratamento radioterápico em nada adiantará, o mesmo acontecendo com a quimioterapia, que somente lhe trará muito sofrimento desnecessário. Sinto muito.

Alfredo permanece mais alguns minutos em silêncio até formular novo questionamento:

– O senhor acredita em milagres, doutor?

O médico não responde.

– Bem, doutor Paes, eu lhe agradeço por tudo e... bem... gostaria muito que Iolanda não ficasse sabendo de nada, pelo menos por enquanto.

O médico não sabe o que dizer, sentindo amargo gosto de derrota a lhe invadir o íntimo e sente-se aliviado quando outro médico adentra o consultório.

– Doutor Paes. Oh, desculpe-me. Pensei que estivesse sozinho.

– Doutor Rubens, este é Alfredo.

– Muito prazer – cumprimenta, oferecendo-lhe a mão.

– Eu já estava de saída... – responde Alfredo, sem lhe corresponder ao cumprimento, abandonando, cabisbaixo, a sala.

– O que há com ele?

– Alfredo! – chama o médico. – Um momento, Rubens.

E o doutor Paes sai atrás de Alfredo, interceptando-o na saída.

– Espere um pouco. Vamos conversar melhor. O que pretende fazer?

II

– Vou condená-lo à morte!

– Não seja precipitado, Alfius. Sabe muito bem que não deve fazer isso.

– O quê?! Como ousa dizer-me o que devo ou não devo fazer?! Sou o Senhor destas terras! Único e soberano! Por acaso, quer subir, novamente, até o alto da torre para eu lhe mostrar, mais uma vez, toda a extensão de meu Reino?!

– Não será necessário, Senhor. Apenas gostaria de aconselhá-lo sobre essa sua decisão.

– Aconselhar-me? Muito bem. Aconselhe-me, então. Afinal de contas, você é meu conselheiro.

✳ ✳ ✳

Estamos nos primórdios da Baixa Idade Média, sendo Alfius o proprietário e Senhor de vastíssima área de terras, isolada em meio a florestas e grandes campos não cultivados. Habita enorme e imponente castelo, construído com talhadas pedras sobrepostas e fortemente protegido por muralhas, possuindo apenas uma entrada, constituída por grossas grades de ferro e pesado portão de madeira. A referida fortaleza encontra-se, na verdade, bem localizada, estrategicamente, no alto de pequena colina. Colocando-se defronte do castelo e de costas para o portão principal, vê-se à esquerda, ou seja, a oeste, todas as habitações dos servos, também construídas de pedras e, à direita, a leste, um rio de forma serpenteante que separa a colina habitada, de uma densa e escura floresta. Dentro do castelo vivem Alfius, sua família, uma grande quantidade de servidores, empregados e um razoável exército de homens bem treinados para defender a fortificação e seus domínios, assim como fazer prevalecer a lei interna. Também ali habita e é a companhia constante e obrigatória para Alfius, o conselheiro Oter, em quem sempre procura socorro em suas decisões e sobre quem descarrega, muitas vezes, o palavreado rude, em seus momentos de ira. Do lado de fora, vivem todos os seus servos que lavram a terra, criam o gado, fazem os tecidos, constroem suas próprias casas e lhe pagam pesado tributo em espécie. Aliás, pagam por quase tudo: para se casarem, para moer os grãos, que somente podem ser triturados no moinho do castelo, além de gratuitos trabalhos realizados para Alfius o qual, por sua vez, tem o dever de defendê-los e dar-lhes abrigo dentro dos altos muros, em caso de guerra.

– Bem, nada podemos fazer contra Clauter, pois todos nós necessitamos dele e o povo, também – argumenta Oter.

O SENHOR DAS TERRAS

— Mas ele está me desafiando! Não posso tolerar isso! E minha mulher, ainda, o defende!

— Tenha calma, meu Senhor. Clauter tem poderes e cura o povo quando este adoece. Isso é muito bom para nós. Afinal de contas, não queremos ver ninguém doente e sem produzir. Além do mais, ele curou os olhos de seu filho.

O rosto de Alfius se enrubesce ao lembrar que, em certa ocasião, realmente, o curandeiro havia curado os olhos de seu filho, mas que, um ano depois, o menino havia morrido porque Clauter não havia tido a oportunidade de curá-lo já que demorara muito para chamá-lo, numa teimosia sem razão, dele mesmo, e explode, mudando o rumo da conversa.

— Mas ele me desafia! Não paga os impostos!

— Mas nenhum curandeiro paga impostos e o meu Senhor nunca lhe cobrou.

Alfius fica em silêncio por uns instantes e, de repente, explode:

— Eu quero aquele colar! Eu quero o Colar Sagrado dos Druidas! Eu o quero em minhas mãos!

Oter arregala os olhos ao ouvir essas palavras.

— Meu Senhor, para que quer o Colar? Sabe que não pode tocá-lo. Apenas pode olhar para ele e, mesmo assim, tão somente, em ocasiões especiais, quando Clauter o usa.

— Se ele me autorizar, através do ritual, poderei tocá-lo e você sabe disso. E quero, também, aprender a reconhecer a Muscária e saber onde Clauter as colhe.

— E o que o meu Senhor pretende fazer com ela, se

não conhece o segredo de seu preparo? Pelo que sei, esse cogumelo tanto pode ser transformado em poderoso chá, como pode agir como violento veneno.

– Eu quero o seu veneno!

– Para quê, meu Senhor?

– Porque quero!

– O meu Senhor já falou com Clauter? Já pediu a ele?

– Pedir?! Eu não posso pedir! Sou o Senhor de tudo e de todos. Tenho que ordenar!

– E o meu Senhor ordenou a Clauter?

– Ordenei.

– E ele... ?

Alfius fica transtornado, enrubescendo, novamente, de ódio.

– O patife negou-me!!!

– Mas por que o meu Senhor foi lhe dar uma ordem dessas?

– E deveria existir alguma ordem que eu não pudesse dar?! Sou o Senhor destas terras e da vida de todos.

– Por favor, acalme-se. Deixe-me pensar um pouco. Vou tentar alguma solução.

– Faça isso, Oter, e será bem recompensado – pede Alfius, saindo rapidamente de seus aposentos, deixando o conselheiro pensativo.

– Preciso descobrir uma maneira de convencer Clauter – pensa. – Ele ainda poderá ser executado e não posso deixar isso acontecer. Clauter é muito importante para todos nós e ainda não encontrou ninguém para ensinar seus segredos e transmitir seus poderes. Mas, por que, diabos, Alfius quer o maldito Colar e o segredo da Muscária?! Ou seria, apenas, uma desculpa para condenar Clauter? Não... não pode ser. Alfius seria louco em condená-lo à morte. O povo poderia se insurgir contra ele... acredito que, até mesmo, os soldados... afinal de contas, todos necessitam de suas poções e suas rezas. Será que aquele patife do Padre Warlet está por detrás disso tudo? Preciso conversar com Clauter. Talvez ele possa explicar-me o porquê dessa loucura de Alfius.

E, envolto nesses pensamentos, Oter dirige-se à estrebaria onde, montando fogoso cavalo, atravessa os portões do castelo e da muralha, acompanhado de sua guarda pessoal. Cavalga para o leste, com destino ao rio onde, apeando às suas margens, deixa o animal aos cuidados de seus homens e atravessa-o numa das balsas ali existentes, movida pelo balseiro por meio de extensa vara. Essa pequena embarcação é própria para uso dos nobres do castelo, pois para o restante do povo existem dezenas de outras, atracadas ao longo do rio, sendo que, cada um terá de manejar a vara por si mesmo, fincando-a ao leito do rio e impulsionando a balsa até o outro lado da margem. E é nessa outra margem que vive Clauter, o curandeiro, que todos acreditam possuir poderes mágicos, tamanha a sua capacidade, não só de cura, adivinhações e poções que produz, como por tudo o que fala, preconiza e aconselha a todos que o procuram, na busca de alívio para o seus males, tanto físicos como sentimentais e morais. Sua modesta casa é construída por pedras justapostas, onde o maior cômodo é o utilizado para o preparo de suas drogas, através de enorme fogão alimentado por galhos secos que, ao se queimarem, exalam inebriante perfume. A fumaça a sair pelo telhado é uma constante naquela paisagem calma e tranqüila. A casa fica localizada a, aproximadamente, trinta metros do rio, sendo totalmente cercada, pelos flancos, por densa e expessa floresta, a protegê-la, como se fosse escura concha a abrigá-la em seu interior. E é nessa grande floresta que Clauter coleta as plantas, as folhas e as raízes para os seus chás, inclusive a cobiçada Muscária, objeto da ira de Alfius. E, numa clareira, mais para dentro daquela vegetação, Clauter planta alguns grãos para comer ou transformar em bebidas.

– Clauter! Clauter! – chama Oter, caminhando em direção à casa, enquanto o balseiro permanece às margens do rio, obedecendo as ordens do conselheiro. – Clauter! Sou eu, Oter. Preciso falar-lhe – insiste, parando defronte à porta entreaberta.

Nesse momento, surge, de um dos lados da casa, robusta senhora de, aproximadamente, quarenta e poucos anos, trazendo no rosto, braços e mãos, sinais de aristrocrática beleza, pois apesar da simples vestimenta de grosseiro linho, tingido em cor de açafrão que enverga, denota, ao contrário das demais mulheres da aldeia, grande zelo pela limpeza e higiene pessoal, notadamente, na alvura de sua pele, dentes e lindos cabelos castanhos, presos na altura da nuca por enorme pente de madeira polida.

– O que deseja, nobre senhor? – pergunta a Oter, abaixando o tronco para a frente, olhar fixo no solo, em sinal de reverência.

– Levante seu olhar, minha senhora e nada tema. Preciso muito falar com Clauter. Ele está?

A mulher, de nome Iole, recompõe-se e responde, com voz trêmula, premida, como sempre, pelo temor que sente quando em presença de habitantes do castelo:

– Meu amo não se encontra aqui. Ele está na floresta colhendo ervas e raízes.

– Irá demorar muito?

– Ele saiu antes do raiar do dia e acredito que estará de volta antes de o Sol cruzar a copa da grande árvore – diz, apontando para um alto carvalho, próximo ao rio.

Oter dirige seu olhar para o astro e, coçando o queixo, procura calcular quanto tempo demorará para isso acontecer.

– Vou esperá-lo – resolve, por fim, dirigindo-se para o interior da casa. – Minha senhora, tenho sede e fome.

Sem nada dizer, Iole apanha uma vasilha e corre até uma nascente com água límpida e fresca, para atender ao pedido. Já no interior da casa, Oter senta-se em grande banco, em um dos lados de tosca mesa de madeira e fica a observar o ambiente. Sente-se bem naquele local, de paredes e chão construídos com pedras bastante desiguais em tamanho e formato, diferentemente do castelo, construído com certa simetria, provocada a golpes de cansativo trabalho de desbaste. Enormes suportes de ferro, dispostos pelas paredes, sustentam pesadas toras de madeira, colocadas, duas a duas, a servirem de prateleiras para diversos recipientes de metal e barro, onde, provavelmente, são guardadas as matérias-primas para os chás, caldos e poções. Bem à sua frente, nos fundos do cômodo e próximo à parede, enorme caldeirão de metal, revestido, internamente, com uma camada de barro, como se fosse uma cerâmica, encontra-se dependurado por grossas correntes, por sobre enorme fogão, de cuja única boca saem potentes labaredas. Agradável, ao mesmo tempo forte e acre, é o odor que se desprende da madeira a se queimar, aliado ao silvestre perfume das ervas ali fervidas. Oter volta-se, lentamente, examinando tudo e percebe que, na parede oposta, atrás de si, um fogão menor também está em funcionamento, sendo que este não possui uma única boca, mas, sim, comprida fenda por onde sai o fogo, sobre o qual, três pequenos caldeirões encontram-se dispostos. Levanta-se, caminha em sua direção e, ao passar por pequena porta entreaberta, percebe dois estrados, na verdade, rústicas camas: uma grande, outra menor e, encostada em uma das paredes, enorme e pesada arca de madeira. Continua a caminhar em direção ao fogão e, curioso, procura verificar o que há no interior dos caldeirões.

– É a nossa comida de hoje, meu senhor. Clauter gosta muito desse fungão que ele chama de língua-de-javali.

Oter olha, ressabiado, para o recipiente.

– Não é perigoso comer isso?

– Esse não, mas...

– Já sei, já sei... – desconversa Oter. – Mas, ande. Dê-me uma caneca d'água. Sinto muita sede e... pode ser um pedaço de pão para comer. Não quero nada com esses cozidos.

Iole sorri, disfarçadamente, e serve o homem.

– Há quanto tempo mora com Clauter? – pergunta Oter.

– Há muito tempo, meu senhor. Já nem me lembro.

– Você dorme com ele ou é apenas sua criada?

Iole abaixa a cabeça, envergonhada, enquanto Oter dá ruidosa gargalhada, lembrando-se de que apenas a grande cama estava guarnecida com cobertas, enquanto, na menor, nada havia.

– Pensei que Clauter não precisasse disso – comenta, rindo. – Afinal de contas, ele é ou não é um mago? E mago precisa de mulher? Alfius vai gostar de saber disso: Clauter precisa de mulher.

De repente, pára de rir e fica, por alguns momentos, pensativo: – Por que será que Alfius está com tanto ódio de Clauter, a ponto de lhe ordenar algo, sabendo, de antemão, que ele não poderá atender? O que estará tramando?

Volta o olhar para Iole e fica a admirá-la, fazendo com que esta, envergonhada, dirija-se, lentamente, em direção à porta.

– Espere um pouco, mulher. Olhe para mim.

– Sim... ? – atende, voltando-se, timidamente.

– Diga-me uma coisa. Você não me parece uma mulher qualquer, como as outras da aldeia. Poderia, muito bem, viver no castelo. Tem elegância, é muito bonita. Alfius ficaria muito satisfeito com você. O que me diz disso?

Iole tem um estremecimento, apesar de sentir-se lisonjeada com o comentário, pois nunca alguém havia lhe falado dessa maneira. Clauter, apesar de ser muito bom para com ela, nem parecia notá-la, a não ser em seus momentos de necessidade física. Sentia-se muito segura e protegida com ele, principalmente, pelo fato de ele nunca ter tido qualquer atitude violenta, mesmo quando ela cometia pequenos deslizes em suas atribuições caseiras ou nos trabalhos com ervas. Na verdade, apesar do desconhecimento de todos, Clauter estava lhe ensinando todas as suas fórmulas e segredos, principalmente, os dos fungões, hoje mais conhecidos por cogumelos. Ela sabia identificar bem os comestíveis e os altamente venenosos, com todos os seus sintomas e conseqüências e aguardava pelo dia em que seu amo lhe desvendaria tudo a respeito da Muscária. E aprendera a amá-lo, não somente como seu mestre, mas como seu proprietário e dono, principalmente, pelas noites de prazer que ele lhe proporcionava e que ela, sabiamente, disfarçava, nada deixando transparecer.

— Vamos, responda!

— Perdoe-me, senhor, mas gosto muito deste lugar e de servir ao meu amo.

Oter dá outra estrondosa gargalhada e resolve continuar a testar a mulher:

— Você diz isso porque não conhece o castelo, suas comidas, suas bebidas, as roupas que poderia usar, os criados a lhe servirem, as festas, os passeios.

Iole não consegue conter um pequeno sorriso que lhe aflora aos lábios, ao ouvir essas palavras, mas, ao perceber que se traiu, procura disfarçar, franzindo o cenho e baixando, novamente, o olhar.

Oter insiste:

— Diga-me uma coisa: Alfius a conhece? Já falou alguma vez com você?

III

– Não, minha filha, seu pai não me falou nada.

– Mas ele nunca se atrasou tanto e sempre procura telefonar quando tem algum compromisso até mais tarde. Telefonei para a empresa e disseram-me que ele saiu por volta das três horas da tarde e ainda não voltou. Tentei falar com Carlinhos, mas não o encontrei, também.

– Não se preocupe, Camila. Logo, ele estará aqui e deve trazer notícias do papai. Já são quase nove horas e seu irmão, hoje, não vai à aula. Disse que iria passar na casa da namorada e jantaria conosco.

Iolanda tenta, com essas palavras, tranqüilizar a filha, mas também está muito preocupada. Alfredo nunca se atrasara tanto, sem dar um telefonema, avisando, e o filho também estava atrasado, pois havia dito que viria para o jantar. Mais alguns minutos de apreensão se passam até que a porta se abre e Carlinhos entra, desculpando-se.

– Perdoe-me, mamãe, pelo atraso. Vocês já jantaram?

– Ainda não, meu filho. E seu pai? Onde ele está? Não veio até agora e não telefonou.

– Oh, meu Deus, desculpe-me, mais uma vez. Papai ligou-me, dizendo que teria de fazer uma viagem a negócios e que, talvez, somente pudesse voltar amanhã. Acho que foi para o litoral resolver uma pendência com uma firma importante. Uma de nossas melhores clientes. Papai pediu-me para que a avisasse, mas me esqueci. Desculpe-me.

– Mas ele poderia ter-me ligado – lamenta Iolanda.
– Não sei... tenho achado seu pai muito esquisito, ultimamente.

– Ora, mamãe. Ainda preocupada com aquele assunto? Já lhe disse que papai apenas quis deixar-nos a par de seus bens, de seus compromissos. Até parece que a senhora não o conhece. Papai é extremamente organizado.

– Tudo bem, filho. Vou pedir para a Célia servir o jantar.

* * *

Já são cinco horas da tarde daquele nefasto dia, quando Alfredo deixa o consultório do doutor Paes. Fica parado na calçada, defronte do prédio, olhando as pessoas passarem apressadas, naquela cidade grande, onde, pela primeira vez, percebe que ninguém sorri. São circunspectos caminhantes, voltados para dentro de si mesmos, talvez remoendo pensamentos, quem sabe, de alegrias ou tristezas, que não deixam ser revelados, nem por mínima expressão facial. Mas para Alfredo, naquele momento, trata-se de pessoas normais. Pessoas detentoras da felicidade de desconhecerem o dia de sua morte. Encosta-se, então, numa parede e fica rememorando as palavras que acabara de ouvir, ou seja, sua sentença. E revolta-se, sentindo enorme ódio pelo doutor Paes. Havia muito tempo que não tinha esse tipo de sentimento. Nunca odiara ninguém e assusta-se.

– Mas que direito tem esse homem, esse médico, de me decretar a morte?! Quem ele pensa que é?! Por acaso, imagina ser Deus?! – argumenta consigo mesmo. – Deus???!!!... Que Deus?!... Que Deus condena desse jeito?! O que foi que eu fiz?! Nunca fiz nada de mal a ninguém! Sempre procurei ser um bom homem, um bom pai, um bom esposo! Ou será que Deus não existe e ficamos à mercê dos males do mundo, e da sorte? No meu caso, do azar, certamente! Seis meses... O que um homem pode fazer em seis meses?

Martirizado por esses pensamentos, Alfredo entra em desespero e não sabe para onde ir. Sem coragem de voltar para casa, telefona para o filho, mentindo que precisa viajar e que, talvez, volte somente no dia seguinte. E seu desespero aumenta ao imaginar que, no dia seguinte, terá de voltar para o lar. Como conseguirá contar para Iolanda e para seus filhos? Ou não deve contar nada? Conseguirá disfarçar o seu abatimento? Sua esposa já estava apreensiva com ele porque desde o momento que o doutor Paes, pela sexta vez, lhe pedira mais alguns exames, começou a ficar preocupado com a própria saúde e teve a idéia de deixar a esposa e os filhos preparados ou, pelo menos, conhecedores de suas posses e negócios, para uma eventualidade de ter que ser, talvez, internado em um hospital, para alguma cirurgia. Mas, a morte... não... não consegue se conformar e começa a caminhar, lentamente, sem rumo, pelas ruas da cidade, até que ouve alguém lhe chamar.

– Alfredo... Alfredo!

Olha para o interior de um bar e vê Arruda, um de seus grandes amigos, dos tempos de Faculdade, sentado em uma das mesas, bebericando um drinque. O amigo levanta-se e vai ao seu encontro.

– Alfredo! Há quanto tempo! Como você está bem! Está mais gordo... gordo, não... mais forte – diz Arruda, abraçando-o. – Mas venha cá. Vamos beber alguma coisa.

Alfredo devolve-lhe o abraço e sorri, sem muita emoção:

– Realmente, faz muito tempo que não nos encontramos.

– Ouvi dizer que você está muito bem de vida. Mas vamos tomar uma bebida juntos, como sempre fazíamos nos tempos de estudante.

Alfredo, sem noção do que fazer, naquele momento, aceita o convite e senta-se à mesa, defronte do grande amigo de outros tempos.

– E você, Arruda? O que anda fazendo? Muitas construções?

– Sabe, Alfredo, depois que me formei, consegui construir alguns prédios e ganhei muito dinheiro, mas percebi que aquela não era, bem, a minha vocação e abandonei tudo. Hoje, sou proprietário de alguns postos de gasolina e tenho um bom rendimento, sem precisar ficar mergulhado em cálculos. Na verdade – complementa, rindo –, descobri que não tenho vocação para nada. E você, como está?

– Bem, consegui alguma coisa na vida. Montei algumas empresas do ramo de máquinas e ferramentas e estou encaminhando o meu filho Carlinhos para tomar conta de tudo.

– Quantos filhos você tem?

– Carlinhos, com vinte e um anos e Camila com dezenove. E você?

– Tenho, apenas, uma filha de onze anos. Casei-me um pouco tarde, mas somos muito felizes. Graças a Deus.

– Você acha que é feliz graças a Deus?

– Sim... sei lá... é uma maneira de falar. Na verdade, acredito em Deus. Por quê? Você não acredita?

– Já nem sei mais...

– O que está acontecendo, meu amigo? Você me parece um pouco abatido...

Alfredo, então, percebe estar se traindo, levando a conversa por um lado que ainda não quer trazer à tona, muito menos com um amigo que não vê há muitos anos e procura disfarçar, sorrindo.

– Não, não. Estou muito bem.

Arruda, percebendo que o amigo se arrependera do que havia falado, procura não insistir e continua a conversar sobre vários assuntos, relembrando passagens dos tempos de estudante e dos negócios atuais. Alfredo, por sua vez, levado pela amargura que o invadira, procura refugiar-se na bebida e toma exageradas doses de uísque, fato que não passa despercebido por Arruda. Este, então, resolve terminar com aquele encontro, alegando alguns compromissos e despede-se do amigo, que permanece sentado à mesa do bar.

– Apareça em casa – convida Arruda, entregando o seu cartão de visitas com o endereço.

– Irei, sim – promete Alfredo, com a voz pastosa por causa das doses que tomara, já fazendo efeito sobre o seu cérebro.

Por mais meia hora, Alfredo entrega-se à bebericação e, comprando uma garrafa de uísque, abandona o bar, em direção à rua. Caminha por algumas quadras, porém, não tem mais noção alguma de onde está e para onde ir, tão embotado está seu raciocínio, pelo efeito da bebida. Continua caminhando, cambaleante, apoiando-se na parede, a cada quatro passos que dá, até que, chegando defronte de um beco e não encontrando mais onde se apoiar, irrompe pelo mesmo, mal se aguentando sobre as pernas. Já está escurecendo e Alfredo percorre o estreito corredor até chegar ao seu final, que não tem saída. O local é intransitável para automóveis e, ambos os lados constituem-se, apenas, de paredes nuas, ou seja, sem janelas ou portas, com muitos sacos de lixo que ali são depositados, à tarde, pelos comerciantes da rua principal, até serem recolhidos pelos encarregados da coleta.

Não sabendo mais o que fazer, sem forças para continuar e não conseguindo colocar em ordem seus pensamentos, senta-se no chão, recostando-se em uma das paredes, posição que não consegue manter por muito tempo, deitando-se e adormecendo, quase em seguida.

Já são quase duas horas da madrugada, quando acorda, sobressaltado, ainda bastante zonzo. Ao seu lado, um maltrapilho e velho andarilho já abrira sua garrafa de uísque e estava bebendo pelo gargalo, assustando-se, também, ao ver Alfredo acordado.

– Desculpe, moço, mas eu estava precisando, tanto, de um gole... bebi um pouquinho só. Mas... o senhor não me parece alguém que "está no caminho". Está bem vestido...

– Não se preocupe, pobre homem. Pode beber à vontade – diz Alfredo, ainda com dificuldade para falar corretamente.

– Posso, mesmo?

– Pode. Mas deixa eu beber mais um pouco.

Dizendo isso, toma a garrafa das mãos do andarilho e bebe uma boa dose.

– Preciso ir para casa – fala Alfredo, tentando se levantar, sem conseguir.

– O senhor está muito bêbado.

– Por favor, me arrume um táxi. Meu Deus! Onde estou?! E o meu carro...?

– Vou ajudar o senhor.

– Por favor.

– Só que neste horário não sei se encontraremos um táxi.

– O senhor liga para minha casa e pede para meu filho vir me buscar.

– Qual o número de seu telefone?

– O número... ah, o número... como é, mesmo...? Eu acho que... sabe que não me lembro...?

– Por que o senhor não dorme aqui, esta noite, e vai embora para sua casa amanhã cedo, quando melhorar?

– Não sei... estou desesperado, sabe?

– O que está acontecendo? Sou um velho sem destino, mas talvez possa ajudá-lo, ouvindo-o. O desabafo, talvez, lhe faça bem.

Alfredo conta-lhe tudo, então, e, terminando em prantos, sorve mais um gole da bebida. Recosta sua cabeça no ombro do velho e continua a chorar.

– É, realmente, o senhor só tem motivos para chorar. Seis meses de vida... O que são seis meses? Para viver, nada. Para sofrer, esperando a morte, uma eternidade.

Alfredo não está mais ouvindo as palavras do velho, pois adormece, embriagado que se encontra. E o andarilho, após tomar mais alguns goles, continua:

– Seria bem melhor morrer já, não é? Pelo menos, não vai ficar sofrendo a angústia da espera, por todos esses meses. E esperando o quê? Eu acho que deve existir algum lugar, depois da morte, e se o amigo sempre foi uma pessoa boa, como me disse, certamente, irá para um bom lugar. Eu só acho que não deve ficar esperando. Por que não dá um fim na sua vida? Não tem coragem? Por que não responde? Talvez o amigo ache que, se fizer isso, não terá paz após a morte, não é? Já ouvi falar disso. O que me diz?

Alfredo não responde ao velho, pois dorme, profundamente.

O SENHOR DAS TERRAS

– Coitado, nem quer responder – continua o homem, também embriagado. – Acho que o senhor não teria coragem. Eu tenho coragem. Se o amigo quiser posso ajudá-lo a se despedir desta vida ingrata. Você quer, não é? Não responde, mas posso sentir que é isso que quer. Tudo bem. Eu faço o serviço. Mas preciso encontrar um meio de fazer isso. Talvez eu consiga fazer com que seja atropelado... Não... Pode não dar certo porque, e se o senhor não morrer e precisar ficar num hospital, todo engessado? Aí vai ser pior. Podia ser uma facada, bem no coração... mas, também, não tenho nenhuma faca.

E, continuando a falar, o velho maltrapilho levanta-se e caminha em direção à entrada do beco.

– O que eu poderia fazer para livrar o amigo dessa vida? Deixe-me ver...

Nesse momento, um enorme caminhão coletor de lixo estaciona bem perto dali e o velho fica olhando os funcionários carregarem os sacos de lixo e jogarem-nos dentro do veículo e comenta, sozinho:

– Muito perigoso esse sistema. O Pedro morreu nesse mesmo caminhão no ano passado. Foi uma coisa tão horrível, que não gosto nem de me lembrar. Que azar o dele: cair dentro do caminhão, bem na hora que o motorista ligou aquela peça de amassar o lixo. Não sobrou quase nada dele. Coitado do Pedro. Morreu na hora.

– João – grita um dos lixeiros para o motorista –, chame os outros. Vamos tomar uma bebida, ali no bar. Depois você amassa o lixo.

– É prá já. Ei, pessoal, vamos tomar uma cachaça.

O andarilho ouve aquela conversa e algo lhe passa

pela mente, quando vê o caminhão, sozinho. Volta-se, meio cambaleante, para o interior do beco.

– Amigo! Amigo! Já encontrei a solução para o seu problema. Seus sofrimentos vão acabar. Venha cá. Venha cá? Ele não vai ter coragem de entrar dentro daquela caçamba do caminhão... psiuuuu! – diz, colocando o dedo indicador, em riste, por sobre os lábios, como que pedindo silêncio para ele mesmo, voltando a falar, porém, agora, em voz sussurrada – Vou ter que desmaiar esse infeliz porque, senão, ele não vai. Preciso encontrar uma pedra... uma grande pedra.

Caminha, agora, olhando para o chão, em busca de algo para golpear a cabeça de Alfredo.

– Encontrei. Esta daqui está de bom tamanho – diz ao encontrar uma pedra maior que a sua mão.

Aproxima-se, então, sorrateiramente, de Alfredo, que está sentado e recostado em uma parede, completamente adormecido.

– Desculpe, meu amigo, mas é para o seu bem.

Dizendo isso, tenta lhe bater na cabeça com toda a violência que o pouco de lucidez, ainda, lhe permite, porém, tamanho impulso faz com que o velho caia por cima de Alfredo, não o atingindo, escapando a pedra de sua mão e caindo a alguns metros de distância, o que lhe passa despercebido, acreditando ter acertado o alvo.

– Muito bem. Agora vou carregá-lo até o caminhão.

E, passando o braço direito por sob a axila esquerda de Alfredo, ao mesmo tempo em que o segura pela cintura, mais propriamente, pelo cós das calças, o velho consegue levantá-lo e o carrega, quase que arrastando seu corpo até o início do beco e em direção ao caminhão de lixo.

– Você é pesado, heim, irmão? Deixe-me ver. Coloco primeiro seus braços, aqui, nesta parte, e agora é só levantar suas pernas e jogá-lo para dentro. Vamos lá. Pronto, você já está com a metade de seu corpo do lado de dentro. Só faltam as pernas. Mas, espere um pouco. Antes vou tirar suas calças e seus sapatos. Estou precisando e para você não terá utilidade nenhuma. Anjo usa camisola.

– Ei! O que está fazendo, aí, no caminhão?! O que está jogando aí?! – grita um dos lixeiros, juntamente com os outros, já voltando do bar. – Pare aí!

O velho assusta-se e, juntando o pouco de força que ainda lhe resta nas pernas e movido, talvez, pelo medo, sai correndo. Os funcionários da limpeza pública não vão em seu encalço, dirigindo-se todos para o caminhão.

– Mas o que é isto aqui? – pergunta, assustado, um deles.

– Está morto?

– Acho que não. Seu coração está batendo.

– Parece ser gente de bem. Olhe para suas roupas. Olhe o relógio.

– Vamos deitá-lo na calçada.

– Vê se ele tem documentos.

– Acho melhor não mexermos em nada e ligarmos, imediatamente, para a Polícia.

– Também acho.

***

– Eu não estou entendendo nada – diz Iolanda, ao telefone, bastante nervosa. – Sim. Sim. Alfredo é meu marido. Mas... essa delegacia é de qual cidade? Daqui mesmo? E meu marido está aí? No pronto-socorro? Meu Deus!

– O que está acontecendo?! – pergunta, aflita, Camila.

– Deixe que eu falo, mamãe – pede Carlinhos, percebendo que Iolanda não está conseguindo raciocinar direito.

– Alô. Por favor, o senhor quer repetir tudo para mim? Sou filho do Alfredo. Minha mãe não está conseguindo entender. O quê?!... meu pai foi recolhido pela Polícia, totalmente embriagado? Estavam tentando matá-lo? Como? Num caminhão de lixo? Escuta: o senhor tem certeza de que se trata de Alfredo dos Reis? Sim? No documento de identidade... entendo... mas papai disse que ia viajar para o litoral... Tudo bem, tudo bem. E ele está num pronto-socorro... O senhor poderia me informar em qual pronto-socorro? Sim... Conheço... Sei onde fica... Tudo bem... ele terá que prestar depoimento... Irá, sim... Certo. Bem... muito obrigado. Qual o nome do senhor? Tavares? Nós procuraremos o senhor. Boa noite.

– O que aconteceu, filho?!– pergunta Iolanda, tentando, a todo custo, manter a calma.

– Não sei bem, mãe, mas vamos até o pronto-socorro. O policial disse que precisaram levá-lo até lá, porque estava muito embriagado.

– Meu Deus! Mas... ele não disse que ia viajar?

– Não sei o que aconteceu, Camila.

– Eu já estou cansada de dizer que o pai de vocês anda muito estranho...!

Partem, então, todos para o pronto-socorro. Lá chegando e depois de alguma dificuldade, tendo em vista o grande movimento daquela madrugada, conseguem localizar Alfredo que, já medicado, repousa numa cama, em um pequeno quarto de emergências. Alfredo não possui nenhum ferimento, tendo apenas alguns arranhões no rosto e um acentuado odor contraído no contato com o lixo do caminhão e do álcool ingerido. Ao seu lado, um policial aguardava a chegada dos familiares para tomar um de-poimento inicial. Muito solícito, espera que Iolanda, Carlinhos e Camila examinem o pai, que dorme a sono solto.

– O que aconteceu a ele? – pergunta Carlinhos.

– Ainda não sabemos – responde o policial. – Fomos acionados por uma equipe de lixeiros que nos relatou que alguém estava tentando jogá-lo para dentro do caminhão de lixo, só não conseguindo levar a efeito o intento porque eles perceberam a tempo e a pessoa evadiu-se às pressas.

Carlinhos empalidece.

– Mas não seria, esse caminhão, daqueles que possuem um dispositivo para prensar o lixo?

– Exatamente.

– Meu Deus! Alguém, realmente, queria a sua morte!

– Correto – confirma o policial. – Infelizmente, de acordo com o depoimento dos lixeiros, não puderam ver o rosto do bandido porque estavam a uma certa distância do caminhão, no trabalho de coleta.

– Mas quem teria interesse em matar papai? – choraminga Camila. – Um homem tão bom. Nunca teve inimigos.

– Ele era dado a bebidas? – interroga o agente da polícia.

– Não – responde, peremptoriamente, Iolanda. – Alfredo não bebe nunca, a não ser, uma pequena dose em alguma festa ou jantar.

– Eu não estou entendendo nada – interrompe a filha. – Papai disse a Carlinhos que ia viajar ontem...

– Bem, somente ele poderá elucidar tudo isso – diz o policial, despedindo-se. – Uma boa noite a todos, espero que ele se recupere logo e aguardamos o seu comparecimento à Delegacia para prestar esclarecimentos.

– Pode ficar tranqüilo. Papai irá, assim que estiver recuperado.

– Boa noite, então.

– Boa noite e muito obrigada por ter feito companhia ao meu marido – agradece Iolanda.

O policial retira-se e Carlinhos aproxima-se do pai, chamando-o pelo nome. Alfredo parece ouvir o filho, pois balbucia algo ininteligível.

– Vou procurar o médico que o atendeu.

– Vá, sim, meu filho. Precisamos saber como ele está.

✱ ✱ ✱

O SENHOR DAS TERRAS

Alfredo está bem. Seu maior problema foi ter-se embriagado e, no dia seguinte, à tarde, é liberado, após uma ligeira refeição à base de uma sopa leve e uma xícara de chá, pois passara todo o dia com náuseas e fortes dores de cabeça, ocasionados pela bebida. Sua família evita tocar no assunto porque percebe que ele, não só, não está em condições de conversar sobre o ocorrido como, também, parece não querer falar a respeito. Apenas pede ao filho que vá buscar o seu carro, estacionado próximo ao consultório do doutor Paes, não mencionando a consulta ao médico. Por sorte, aquele endereço é bem próximo a uma das filiais da empresa. Chegando em casa, toma um banho e deita-se, dormindo até o outro dia que, mal amanhece, e todos já estão de pé na expectativa de ouvirem de Alfredo o que, realmente, lhe ocorrera. . E não precisam esperar muito, pois ele logo se levanta, beija a esposa e os filhos, senta-se à mesa para o café da manhã e começa a narrar, à sua maneira, o que lhe acontecera naquele dia.

– Bem, em primeiro lugar, sinto-me bastante envergonhado pelo que aconteceu, do transtorno e da preocupação que causei a todos vocês. Isso nunca me aconteceu antes e prometo que nunca mais irá acontecer.

– Mas o senhor não ia viajar? – pergunta Camila, bastante ansiosa.

– Deixe o papai falar, Camila – pede Iolanda.

– O que aconteceu foi o seguinte: realmente, eu precisava fazer uma viagem de negócios, mas demorei-me um pouco mais do que imaginara naquela filial, perto da qual estacionei o carro e não achei prudente viajar à noite, pois já estava escurecendo quando de lá saí. Estava, então, indo apanhar o carro quando encontrei o Arruda, antigo colega de escola, que me convidou para tomar um drinque e recordarmos, um pouco, o nosso tempo de estudantes. Acontece... bem... aí foi o pior da história, da qual me sinto muito envergonhado, pois isso nunca havia acontecido comigo, antes: a conversa estava tão boa, que não percebi o quanto de bebida já havia ingerido e, esquecendo-me da hora, continuei a beber. Olhem, sinceramente, não sei se foi pelo fato de estar bebendo sentado, naquele bar, mas, realmente, não me dei conta do quanto já estava embriagado. Quando nos despedimos, insisti para pagar a conta e o Arruda, assustando-se com o adiantado da hora, levantou-se e foi embora, já que o garçom estava demorando para trazer a soma dos gastos.

— E foi aí que o pai, ao se levantar, percebeu o quanto tinha bebido — arrisca-se Carlinhos.

— Correto. Parecia que o mundo todo estava girando ao meu redor. Vocês não podem imaginar. Perdi a noção de tudo. Não sabia onde estava, nem o que estava fazendo ali e nem me lembrei do carro. Saí do bar e comecei a caminhar, cambaleando pelas ruas até que, quando percebi, estava num beco, onde acredito ter caído. Agora, não me lembro do que vocês estão falando a respeito de alguém ter tentado jogar-me para dentro de um caminhão de lixo e nem imagino o porquê e quem quereria fazer isso. Vocês sabem que não tenho inimigos e, também, nem fui roubado em nada. Até minha carteira continuou comigo.

Na verdade, Alfredo lembra-se, vagamente, do velho andarilho e de ter contado a ele sobre o seu problema.
— Teria sido ele? — pergunta-se, mentalmente. — E por quê? Será que existiriam pessoas com tamanho grau de

maldade? Nesse instante, algo lhe ocorre: – E se o velho teve a intenção de livrá-lo do sofrimento, tentando tirar-lhe a vida? Pode ser. Mas seria essa a solução? Ainda não havia tido tempo para pensar nesse aspecto e assusta-se. – Não! Suicídio, não! Não teria coragem e isso causaria um grande sofrimento e decepção para sua esposa e filhos.

– Bem, preciso fazer uma ligação para Otávio. Quero saber se ligaram da fazenda para o escritório.

Dizendo isso, Alfredo dirige-se ao telefone. Otávio é um antigo funcionário e braço direito de Alfredo nas empresas. Na realidade, um verdadeiro conselheiro nos negócios e grande amigo.

– Alô, Otávio. É Alfredo. Desculpe incomodá-lo, já de manhã, mas gostaria de saber se alguém me ligou da fazenda... não... não fui. Aconteceu um contratempo... depois eu lhe conto... sei... ninguém ligou... tudo bem, Otávio, depois a gente se fala... sim... sei... e o que você quer?

IV

– Preciso conversar com você, Clauter – responde Oter, quando o curandeiro entra pela porta da casa e lhe pergunta o que deseja.

Clauter entra e entrega dois sacos de ervas para Iole, instruindo-a sobre o que fazer com elas. Na verdade, fala com a mulher utilizando-se de termos e palavreados que escapam ao entendimento do visitante, dispensando-a, em seguida. Iole, por sua vez, sente grande alívio com a chegada de seu amo, pois estava um tanto encabulada com a conversa de Oter, apesar de ter gostado dos elogios que recebera e, arriscando uma olhada para ele, sai rapidamente da casa para atender às instruções de Clauter.

– Muito bem, Oter, o que deseja? Está sentindo alguma coisa? Está doente?

– Não, não. Apenas preciso ter uma conversa franca com você, relatar-lhe algumas coisas e, ao mesmo tempo, dar-lhe alguns conselhos.

– Conselhos? – pergunta o curandeiro, sentando-se, pesadamente, do outro lado da mesa, bem defronte a Oter.

Clauter é um homem bastante rude nos gestos, mas de muita inteligência e sabedoria, o que poderia, muito bem, passar despercebido àqueles que não o conhecem. Mais parece um guerreiro do que um curandeiro, tendo em vista o corpanzil que ostenta. Porém, prestando-se um pouco de atenção à sua fisionomia, principalmente no seu olhar, encimado por grossas sobrancelhas grisalhas, consegue-se perceber um quê de bondade e de amor para com as pessoas, mesmo quando as arqueia em direção ao centro dos olhos, em sinal de atenção ao interlocutor ou de preocupação para com algum fato. Possui grossas barbas e bigode, também grisalhos, e uma calvície bastante acentuada no cimo da cabeça, cercada, abaixo, por respeitáveis mechas de cabelos prateados que partem das têmporas em direção à parte posterior do crânio.

– Sim. É que... bem...

– Fale, homem. O que Alfius está querendo desta vez?

Oter fica um tanto desconcertado. Clauter havia adivinhado que o assunto era sobre Alfius e ele não pretendia entrar na questão, assim, tão abruptamente; suas chances de preâmbulos haviam sido cortadas. – Mas que diabos! – pensa. – Como é que ele descobriu que o motivo de minha vinda até aqui tem ligação com Alfius?

Clauter percebe a hesitação e o constrangimento de Oter e resolve deixá-lo à vontade, interrompendo o silêncio com um convite para uma caneca de cerveja, o que o homem aceita, prontamente, tentando ganhar tempo para pensar em como iniciar a conversa. Durante toda a travessia com a balsa, Oter havia ensaiado algumas palavras e frases, porém, agora, na presença do curandeiro, já nem se lembra mais. Clauter enche duas canecas de cerveja de cevada e chama por Iole que, imediatamente, irrompe o cômodo, parecendo ter ficado à espera de ser solicitada.

– Iole, por favor, sirva-nos uma porção de fungão.

A mulher vai até o fogão, remexe o caldeirão e faz expressão de desagrado.

– Ainda não está pronto, Senhor.

– Tudo bem. Sirva-nos, então, um bom pedaço de queijo de cabra.

Oter sente um alívio, pois nunca tivera vontade de experimentar aquele tipo de comida e resolve romper o silêncio com a primeira idéia que lhe vem à cabeça sobre a qual, na verdade, possui alguma curiosidade.

– Você não tem medo de comer cogumelos?

– Medo? Não, não. São uma delícia. Você precisa experimentar. Mas... por que eu deveria ter medo?

– Bem... sempre soube que existem muitos tipos venenosos.

– Oh, sim! – responde Clauter, de maneira afetada, propositalmente. – Existem cogumelos com alto poder de envenenamento e com conseqüências bem diferenciadas. Uns, matam rapidamente; outros, aos poucos, com muito sofrimento. Mas esse daí você pode comer tranqüilamente e muitos outros também, apesar de terem muita semelhança com os fatais. Iole os conhece muito bem.

– E você os conhece?

– Alguns poucos. Iole os conhece mais porque ela veio de uma outra região, lá dos povos das montanhas. Também vim de lá, mas de um lugar mais ao sul, onde a vegetação encerra muitas diferenças em relação ao norte, de onde ela veio. Lá, os cogumelos são em maior número e, aqui, existe uma proliferação abundante de quase todos.

– Você deve ter muita confiança no conhecimento dessa mulher...

– O que quer dizer com isso?

– Bem... ela pode errar ao colher...

Clauter dá ruidosa gargalhada.

– Diga-lhe, Iole. Conte a ele.

Iole abaixa o olhar e revela:

– Antes de cozinhá-los e servir ao meu amo, eu os como cru, um dia antes. É o tempo suficiente para saber se são venenosos.

Oter fica impressionado com tamanha dedicação da mulher para com o curandeiro.

– Meu Deus! E você permite isso, Clauter?

Clauter olhando para Iole com muito carinho e, ao mesmo tempo, com ar de preocupação, revela:

– Já tentei proibi-la de cozinhá-los, mas não adianta. Quando vejo, ela já os provou e só me resta satisfazer a sua vontade e comê-los. Iole é muito teimosa e diz não abrir mão dessa maneira de demonstrar a sua dedicação para comigo. Por outro lado, tenho plena certeza de que nunca cometerá um erro, pois como já lhe disse, na região em que nasceu, os cogumelos, em grande variedade, eram os petiscos que não podiam faltar em suas mesas.

— Ela também conhece o segredo da Muscária? Quero dizer, ela sabe reconhecê-la, onde encontrá-la e como é o seu preparo?

Clauter franze as grossas sobrancelhas, desconfiado, e responde:

— Somente eu sou capaz de reconhecê-la, de encontrá-la e prepará-la. Por que me faz essa pergunta?

— Preciso conversar com você, em particular, Clauter – responde Oter, dirigindo o olhar para Iole.

— Por favor, mulher, deixe-nos a sós.

O conselheiro acompanha a saída de Iole com o olhar e comenta:

— Você tem muita sorte, Clauter. É muito raro um homem possuir uma mulher tão dedicada. Você tem, mesmo, muita sorte – elogia Oter, na tentativa de sondar o curandeiro sobre seu relacionamento íntimo com Iole. Porém, Clauter limita-se a olhar para o conselheiro e resolve acabar, logo, com toda aquela conversa.

— Mas vamos ao que interessa, Oter. Você disse que tinha que me relatar algumas coisas e dar-me alguns conselhos...

— Sim... conselhos... veja bem: conselho de um velho amigo...

— Fale, Oter. Não se sinta acabrunhado, homem. Desembuche.

— Muito bem, Clauter. Vou direto ao assunto. Alfius

está muito bravo com você e quero impedir que ocorra uma tragédia. É isso.

Oter despeja, rapidamente, as palavras como quem sente medo de não mais conseguir articulá-las. Está ciente da responsabilidade que tem nas mãos e não faz idéia da reação de Clauter, tanto que, ao terminar de pronunciá-las, acaba retraindo-se, parecendo querer esconder-se para dentro da capa que carrega por sobre os ombros.

– Tragédia? Que tragédia, homem? – pergunta Clauter, demonstrando apenas curiosidade em seu semblante tranqüilo.

– Alfius quer o Colar Sagrado dos Druidas e o segredo da Muscária.

Clauter permanece pensativo por alguns minutos, como se Oter não estivesse presente. De repente, fala, mansamente:

– Essa deve ser outra das artimanhas do Padre Warlet.

– Alfius disse que lhe deu uma ordem e você não a cumpriu.

– Infelizmente, Oter, se Alfius continuar insistindo com essa idéia, terei que me mudar daqui.

– Mudar-se?

– Não vejo outra saída.

– Mas o que faremos... o que o povo fará sem você? Quem curará seus males?

– Sinto muito, meu amigo, mas Alfius é muito orgulhoso e você sabe que acabarei sendo executado se não cumprir o que ele me ordena e, morto, nada poderei fazer pelo povo deste lugar. Porém, vivo, poderei continuar a ser útil em outro local.

– Mas por que você não obedece à vontade de Alfius?

– Nunca, Oter. No que diz respeito ao Colar Sagrado, não posso permitir que ninguém o toque. Ele pertence à tradição celta e somente os druidas legítimos podem se utilizar dele. Quanto à Muscária, imagino o mal que ela poderá representar nas mãos de Alfius.

– Mas Alfius já possui outros venenos poderosíssimos...

– Mas não como a Muscária – responde Clauter, percebendo que Oter está se fazendo de desentendido. – Esse cogumelo tem um alto poder de envenenamento e o mais importante é que ele não deixa vestígios, ou melhor, a pessoa envenenada não parece estar morrendo por envenenamento. Ela começa a sentir um grande descontrole nos intestinos, seguido de grande torpor, sonolência, perde, em seguida, os sentidos e morre por asfixia, sem nenhum sangramento e sem nenhum inchaço.

– Mas não deixa de ser, apenas, mais um veneno, e Alfius nem precisaria disso se quisesse condenar alguém à morte.

– Sim, mas imagino que seu maior interesse é por causa das outras propriedades da Muscária.

– Como assim?

– Ora, Oter, você sabe muito bem que, sabendo prepará-la convenientemente, e em dosagens corretas, ela não causará a morte de quem a tomar, mas, sim, profundas alucinações e visões do futuro, e é isso que Alfius e Warlet querem.

– Mas... Alfius terá coragem de tomar?

– Terá quando tiver certeza de que ela está preparada corretamente.

– E como ele terá certeza disso?

– Testando-a em cobaias humanas até conseguir atingir a dosagem certa.

– Então... ele não precisará de você para ensiná-lo...

– Sim. Ele não precisará de mim para o preparo porque não hesitará em dispor de vidas humanas para isso, mas somente eu a conheço e sei onde encontrá-la.

– Agora entendo por que acha que o Padre esteja envolvido nisso. Ele sabe que você nunca cumprirá essas ordens e que preferirá mudar-se daqui para não acabar sendo executado.

– Alfius sempre teve esse desejo de possuir o Colar e o segredo da Muscária, mas nunca teve a coragem e a ousadia de exigir-me isso porque tinha, também, a certeza de minha resposta e não queria se arriscar a ser desobedecido por mim. Mas, agora, com o Padre sugestionando-lhe a mente...

– Por que o Padre Warlet o odeia tanto?

Clauter deixa o pensamento vagar até as lembranças tomarem conta de sua mente e responde:

– Sabe, Oter, na verdade não acredito que ele me odeie. O que acontece é que ele acredita em Deus de uma maneira diferente da minha, assim como ele louva Cristo como se Cristo fosse apenas um símbolo que ele usa, da maneira que mais convém aos seus interesses pessoais, na pérfida busca pelo poder. Um poder que somente existe na imaginação dos tolos.

– O que você quer dizer com isso?

– Quero dizer que ninguém tem poder sobre nada. Ninguém tem poder sobre as outras pessoas.

– Como ninguém tem poder sobre as outras pessoas? Alfius detém um grande poder, inclusive, o da vida e o da morte. Você sabe que ele tem o poder de mandar executar quem ele quiser e por isso todos o obedecem. É o poder do medo.

– E você acha que isso é poder? O verdadeiro poder, Oter, é o poder do amor. É o poder de ser amado e respeitado, naturalmente, pelas pessoas, e essa deveria ser a meta de Alfius: ser amado e respeitado pelo seu povo. E você falou em medo. Medo de quê, Oter? Da morte?

– Lógico. Todos têm medo da morte.

– Até o Padre Warlet?

– Sim. Até o Padre Warlet.

– E você saberia me explicar por que o Padre Warlet tem medo da morte?

– Ora, Clauter. Ninguém quer morrer. Nem mesmo o Padre.

– Comprendo que ele não queira morrer, mas quanto a sentir medo da morte, não creio que ele deveria tê-lo, pois prega, constantemente, que todos aqueles que obedecerem à Santa Madre Igreja, irão para o Paraíso e ele deve obedecê-la.

– E que você, Clauter, irá para o inferno eterno porque, além de não obedecê-la, ainda pratica a heresia de conversar com os Espíritos dos mortos.

– Foi o Padre quem lhe disse que irei para o inferno eterno?

– Sim. Ele falou isso para todos que estavam presentes no último ofício.

– E ele proibiu as pessoas de virem se consultar comigo quando estiverem doentes?

– Não, isso ele não falou, aliás, nem tocou nesse assunto.

– E por que será... ?

– Ouvi dizer que Isidra não o permitiu.

– Isidra? Mulher de Alfius?

– Sim. Soube que todos os sermões do Padre passam por seu exame e que ela tem a outorga para fazer e desfazer de tudo o que ele escreve. Na verdade é ela quem decide o que Warlet deve falar, e fiquei sabendo que ela cortou toda a parte que falava mal de suas curas.

– Entendo... Isso quer dizer que tenho uma defensora no castelo?

– Pode ter certeza. O próprio Alfius disse-me isso.

– Talvez seja porque curei os olhos de seu filho...

– Tenho certeza que sim.

– E ela sabe das intenções de Alfius?

– Creio que não, Clauter. Alfius não deve lhe confiar nada a respeito de suas decisões.

– Ela tem alguma influência sobre ele?

– Não sei... acredito... que tenha.

– E você quer, mesmo, me ajudar?

– Se eu puder fazer alguma coisa...

– Pode, sim.

– O que terei de fazer?

Clauter pensa um pouco e arrisca:

– Será que você não consegue fazer com que Isidra fique sabendo de tudo o que está acontecendo?

– Não será difícil. Talvez perigoso para mim se Alfius descobrir, mas pedirei segredo a ela. Tenho certeza de que concordará.

– E, por favor, não fale que fui eu quem lhe pediu.

– Pode deixar, Clauter. Direi que a preocupação partiu de mim e que corremos o risco de perdê-lo porque, talvez, tenha de mudar-se daqui para algum outro lugar.

– Isso mesmo – concorda Clauter.

– Agora, diga-me uma coisa – pede Oter, em tom grave. – Você, realmente, tem o poder de conversar com os Espíritos dos mortos?

– Eu não, Oter. Os Espíritos dos mortos é que têm o poder de se comunicarem comigo.

– Mas ouvi dizer que você faz isso em determinada hora da noite e em dias certos.

– É verdade, mas são eles, os Espíritos, que determinam, para mim, essa disciplina.

– Quer dizer que você não consegue evocá-los, quando quer?

– Somente se houver alguma necessidade e se for do interesse deles.

– Pensei que tivesse poderes...

– Nenhum homem possui poderes, apenas, capacidade e condições de realizar o bem ou o mal. E nisso, ele sempre será auxiliado pelos Espíritos. Os bons auxiliarão o homem no bem, os maus o auxiliarão no mal, porém, aquele que praticar o Bem será recompensado e não deve temer a morte do corpo. O mau, realmente, e pode ter certeza disso, deve temê-la porque, para ele não haverá recompensa e, sim, conseqüências dolorosas.

Oter ouve tudo em silêncio, sentindo-se bastante incomodado com aquelas palavras de Clauter, pois o curandeiro demonstra bastante convicção em suas palavras e o som grave de sua voz ecoa dentro de sua mente, parecendo aquecer todo o sangue que lhe corre pelas veias, como se estivesse contraindo repentina febre. Desvia os olhos e, abaixando a cabeça, procura mudar o rumo da conversa, o que não passa despercebido de Clauter.

– Este assunto o incomoda, Oter?

– Sim... bem... é que... não gosto de falar sobre a morte.

– Não gosta ou tem medo? – insiste, Clauter, incisivamente.

Oter devolve o olhar e, parecendo estar confidenciando algo, sussurra:

– Tenho muito medo, Clauter. Muito medo, principalmente, se ela vier por intermédio de Alfius.

– E você não gostaria de perder esse medo?

– Sim... quer dizer... você conseguiria fazer essa mágica em mim?

– Não, Oter. Essa mágica, você mesmo terá de realizar. Apenas poderei auxiliá-lo.

– E o que tenho de fazer?

– Vamos por partes. Em primeiro lugar, procure ajudar-me junto a Isidra e Alfius, mas não o faça apenas como quem está querendo algo em troca e nem pela minha pessoa, mas, sim, por amor ao povo deste lugar que necessita de meus préstimos. Faça esse exercício de bondade e já estará a meio caminho de perder o medo da morte. E eu o ajudarei, no momento preciso.

– Está bem, vou tentar – promete Oter, não conseguindo controlar o tremor de suas mãos e de seus lábios, depois de confessar o pavor que sente de Alfius. – Bem, eu já vou indo, Clauter.

Oter levanta-se e já está abrindo a porta para sair, quando resolve voltar-se para Clauter, numa última tentativa:

– Você não pretende, mesmo, entregar a Alfius o Colar Sagrado e o segredo da Muscária?

– Não. Nem sob tortura.

Oter não insiste e sai da casa, não conseguindo conter o espanto e a surpresa ao encontrar Iole, do lado de fora, bem próximo da porta.

– Você estava bisbilhotando a nossa conversa, mulher? – pergunta rispidamente.

V

– Não, Alfredo – responde Iolanda. – Não estou bisbilhotando suas coisas. Apenas queria dar uma olhada naquele pedido de exame médico que estava guardado nesta gaveta e que, agora, não está mais. E você não acha que esse termo "bisbilhotar" é muito pesado para ser usado comigo? Nós nunca tivemos segredos um para com o outro e nunca nos proibimos de abrir qualquer gaveta nesta casa.

Iolanda sente-se bastante chocada com a atitude do marido, que a acusara de estar a bisbilhotar sua gaveta.

– Perdoe-me, Iolanda. Ando um pouco nervoso com o que me aconteceu e me pareceu, agora, que você veio procurar por aquele pedido médico, porque não acreditou em minhas palavras, naquele domingo e...

– Tudo bem, Alfredo. Entendo, perfeitamente, o seu estado, principalmente, por causa daquele episódio do caminhão de lixo. Aliás, já faz três dias que não consigo dormir bem, só de pensar o que poderia ter acontecido com você e tentando imaginar quem teria feito aquilo. Além do mais, tenho achado você tão calado, com uma expressão tão preocupada...

– Vai passar, Iolanda... vai passar – promete o marido abraçando a esposa.

– Mas o que você fez com aquele pedido?

– Não sei, meu bem – responde, tentando disfarçar. – Devo tê-lo jogado fora, durante a limpeza, afinal de contas, já havia feito os exames.

– E qual foi o resultado desses exames?

– Deu resultado normal. Estou muito bem de saúde.

Iolanda não se dá por vencida e pergunta o que ele estava temendo:

– Quem é o médico?

Alfredo sente um ligeiro desconforto em ter de continuar mentindo para a esposa, mas acha que ainda não é o momento propício para lhe contar toda a verdade sobre a sua doença e o que ela lhe reserva.

– Você não o conhece, meu bem.

– Mas qual o seu nome?

– Nome de quem?

– Do médico, Alfredo. De quem mais poderia ser?

– Ah, sim, do médico. Sabe que nem me lembro direito... é um tal de doutor Fernando... Fernando... Realmente, não me lembro.

Iolanda tem, mais uma vez, a intuição de que o marido está tentando enganá-la.

– Você não se lembra do nome do médico?... Mas como você consulta um médico que nem conhece? Poderia ter ido ao doutor Santini, que é o médico a quem sempre recorremos, quando precisamos...

– Sim, sim, mas é que decidi consultar o mesmo que os meus amigos procuraram.

Iolanda decide, então, mais uma vez, não insistir sobre o assunto, pois percebe o mal-estar que esse verdadeiro interrogatório está causando a Alfredo, decidindo encontrar, depois, uma outra forma de investigar.

* * *

– Bom dia, Otávio – cumprimenta Alfredo ao chegar ao escritório de sua empresa matriz, que é de onde ele administra suas filiais espalhadas pela capital. – Por favor, venha até a minha sala. Preciso conversar com você. Suzana – ordena, a seguir, para sua secretária, que se encontra na sala de espera, contígua à sua –, não quero ser interrompido por ninguém, nem mesmo por meu filho Carlinhos e, também, não estou para telefonema algum. Entre, Otávio.

Alfredo fecha a porta e, diferentemente do que sempre faz quando atende seus funcionários, sentando-se à sua mesa de trabalho, senta-se numa poltrona, num dos cantos da sala e convida Otávio a sentar-se no sofá maior, à sua frente. Otávio, na verdade, significa para Alfredo mais que um funcionário, pois o acompanha desde os tempos da escola primária, passando juntos todas as fases da infância, da adolescência, até Alfredo herdar muitos bens de seu falecido pai e construir, sempre acompanhado do amigo, a enorme rede empresarial. Otávio é seu braço direito e verdadeiro conselheiro. Até Carlinhos e Camila o chamam de tio, tamanha é a amizade que reina entre as duas famílias. E, nesse momento, Otávio não pode deixar de perceber que algo de muito grave deve estar acontecendo, pois percebe certa angústia na fisionomia de Alfredo. Este, por sua vez, sentado à frente do amigo, fica por alguns momentos a olhá-lo, como se estivesse decidindo como iniciar a conversa.

– Fale, Alfredo – Otávio tenta encorajá-lo. – Sei que tem algo a me dizer e, seja o que for, estarei, como sempre, pronto a ajudá-lo.

– Obrigado, meu amigo. Realmente, você sempre foi mais que um irmão para mim e sei estar sempre disposto a me auxiliar e é por isso que quero falar com você, apesar de não saber se, desta vez, poderá fazer alguma coisa.

Dizendo isso, Alfredo abaixa o olhar, denotando profundo abatimento e, quando o ergue novamente, seus olhos voltam cheio de lágrimas. Otávio percebe, então, que algo de muito grave está acontecendo.

– O que está havendo, Alfredo? Você está chorando...!

– Desculpe-me. Já vou me recompor e, aí, conversaremos.

Alfredo deixa as lágrimas rolarem por seu rosto por mais alguns segundos e, tirando um lenço do bolso, enxuga-as, enquanto Otávio insiste:

– Aconteceu algo com Iolanda, com Carlinhos, ou com Camila...?

– Não, não, Otávio. Está tudo bem com eles.

– Então é com você...?

– Sim. O negócio é comigo.

– Mas, então, fale, homem de Deus! O que está lhe acontecendo de tão grave que o leva às lágrimas?

Alfredo não sabe, ainda, como iniciar o desabafo que tanto está precisando, e resolve confidenciar de uma vez por todas, sem pensar ou ensaiar o que deverá dizer. Encara o amigo de frente e dispara:

– Estou condenado à morte, Otávio.

– O quê?!!!

– Isso mesmo. O doutor Paes e uma junta médica, após exaustivos exames, estão dando para mim, aproximadamente, seis meses de vida. Vou morrer, Otávio! Vou morrer!

E as lágrimas brotam-lhe, agora, em abundância.

– Ei, espere um pouco. Tenha calma e vamos conversar. Que história é essa? O doutor Paes e uma junta médica diagnosticaram o quê?

– Já lhe disse, Otávio: estimaram seis meses de vida para mim.

– Mas você já consultou outros médicos?

– Otávio, ouça bem: se somente o doutor Paes tivesse chegado a esse... sei lá... esse verdadeiro veredicto, essa... verdadeira condenação... o que eu teria feito?

Evidentemente que procuraria outros médicos e procuraria os melhores, não é?

– Certo...

– Acontece que os médicos que eu poderia procurar, porque são os melhores especialistas, fazem parte dessa junta médica da qual estou lhe falando.

– Tudo bem, Alfredo, mas quando eles chegaram a essa conclusão?

– Já faz oito meses que estou passando por diversos exames, numa verdadeira maratona médica e laboratorial. Já faz oito meses que vêm estudando o meu caso.

– Mas por que você nunca me disse nada? Nem cheguei a perceber alguma preocupação em você, a não ser... sim... você pareceu-me um pouco estranho numa sexta-feira... naquele dia em que fez questão de dar uma verdadeira aula para Carlinhos sobre os negócios.

– Eu não disse nada, Otávio, porque não poderia imaginar que tudo fosse chegar a esse ponto. Na verdade, fiquei preocupado, apenas, às vésperas de voltar ao doutor Paes porque o achei um tanto estranho quando me ligou, pedindo que fosse ao seu consultório na segunda-feira. Mas o máximo que eu estava imaginando era que, talvez, eu tivesse de ser submetido a uma cirurgia e por isso é que estava explicando algumas coisas ao Carlinhos e, inclusive, procurei organizar os meus documentos particulares que tenho em minha casa e explicar, também, à minha esposa. O que, aliás, a deixou muito nervosa e preocupada. Mas nunca poderia imaginar que eu estaria condenado. Meu Deus! Otávio, você é capaz de imaginar o que se passa na cabeça de um homem condenado à morte?

Otávio não sabe o que responder e nem o que aconselhar ao amigo e procura levar a conversa para um outro ângulo.

– E Iolanda, Alfredo? Ela já sabe?

– Não. Ainda não. Nem meus filhos. Você é a primeira pessoa a quem estou contando tudo isso... espere... não... você não é a primeira pessoa não. Naquela noite...

E Alfredo revela ao amigo o que, realmente, acontecera na noite daquele dia em que ficara sabendo de sua condenação. Conta-lhe sobre o amigo Arruda, sobre a sua embriaguez, sobre o beco, o velho andarilho e a sua desconfiança de que o velho teria tentado matá-lo como um ato de caridade para com ele.

– Meu Deus! Mas escute, Alfredo: ainda acho que você deveria procurar outros especialistas. Talvez em outro país, como os Estados Unidos. Você tem dinheiro e pode fazer isso.

– Não sei, Otávio. O doutor Paes foi categórico e tenho plena certeza de que se existisse a mínima possibilidade de se fazer alguma coisa, ele teria dito.

– E o que pretende fazer?

– Pensei muito e cheguei à conclusão de que só me resta rezar e esperar por um milagre. Você acredita em milagres?

– Acho que sim... – responde Otávio, afirmativamente, mais para dar um apoio e uma ponta de esperança ao amigo.

– Sabe – continua Alfredo –, nunca fui muito de frequentar Igrejas e nem amigo de orações, pois, na verdade, nunca senti necessidade delas; mas agora... agora estou precisando de um apoio diferente. Talvez, quem sabe, um Padre?

– Um Padre, Alfredo? – espanta-se o amigo.

– Sei que pode parecer estranho para você, mas pense bem: o que mais resta a um condenado à morte, senão procurar...

Novas lágrimas brotam de seus olhos e continua, entre soluços:

– ... procurar... na verdade, nem sei o quê... escuta, Otávio, por onde anda aquele nosso amigo Walter?

– Padre Walter?

– Sim. Estudamos juntos durante alguns anos e depois ele foi para um seminário. O ano passado ele esteve aqui no escritório e nós lhe fizemos uma doação para uma casa de saúde de débeis mentais que ele estava construindo, lembra-se? Ele pareceu-me uma pessoa muito boa e muito bem intencionada, aliás, desde os tempos de escola, ele já era um aluno aplicado e um excelente menino, muito elogiado pelos professores.

– Sim, estou me lembrando. Mas, por que está me perguntando sobre o Walter... o Padre Walter?

– Não sei. É que me lembrei dele, neste momento.

O SENHOR DAS TERRAS

Acho que estou precisando conversar com pessoas desse tipo. Lembro-me de que Padre Walter me disse que fora convidado a ficar trabalhando aqui na capital, mas que preferira transferir-se para uma pequena cidade do interior e construir essa casa de saúde. Penso que esse tipo de pessoa, com todo esse desprendimento em favor de seus semelhantes, deve ter muito o que dizer, e eu me encontro com muita necessidade de ouvir.

– Não sei o que lhe dizer Alfredo.

Otávio sente-se como se estivesse à beira de um abismo. Ama muito o amigo e sofre por sentir-se impotente diante daquela situação, sem saber o que fazer e, nem mesmo, o que falar. Todo tipo de pensamento passa-lhe pela mente e sabe que, dali para a frente, terá de ser bastante forte, não só para com o amigo e quase irmão, como, também, na administração das empresas, pois percebe que Alfredo não deverá mais ter condições de cumprir com esse trabalho, e Carlinhos ainda não tem conhecimento sobre todos os setores e providências da firma. Alfredo parece estar adivinhando os pensamentos de Otávio, pois interrompe-os com o mesmo assunto:

– Otávio, gostaria de lhe pedir um grande favor, uma grande caridade.

– Fale, Alfredo. Você sabe que estarei sempre ao seu lado.

– Nunca duvidei disso, meu amigo, e é por isso que quero lhe pedir que assuma a direção da firma e coloque Carlinhos ao seu lado e ensine-lhe tudo o que sabe. Darei a desculpa de que estou pesquisando e estudando algum outro tipo de negócio para poder me afastar um pouco daqui. Você sabe que não terei mais condições de trabalhar com esse peso sobre mim. Não pense que estou me acovardando e me entregando ao destino, não. É que preciso procurar alguma coisa em que me agarrar... você me entende...

– Entendo, sim.

Nesse momento, os dois homens não conseguem se conter e, levantando-se, abraçam-se fortemente, não contendo as lágrimas, que rolam abundantes naquele convulsivo choro de dor. Permanecem, assim, por algum tempo até que Alfredo afasta-se do amigo e pede-lhe:

– Otávio, preciso falar com Padre Walter.

– Providenciarei isso. Devo ter o endereço dele. Você quer que eu o chame ou irá até ele?

– Eu irei.

✳ ✳ ✳

– Mas que surpresa agradável! – exclama, alegre e festivo, o Padre Walter ao ver Alfredo entrando na pequenina capela localizada dentro da Casa de Saúde, recém-construída, cujo pátio já se encontra ocupado por muitas crianças excepcionais que, naquele momento, encontram-se em atividades lúdicas, organizadas por três professoras da casa. – Não posso crer que você está atendendo ao convite que lhe fiz quando estive em sua empresa no ano passado. Lembra-se? Alfredo, você não pode imaginar o que pudemos realizar com aquela quantia em dinheiro que nos ofertou naquela ocasião! Somada a mais algumas outras doações efetuadas por corações tão bondosos quanto o seu, pudemos terminar tudo isto que você está vendo. Viu as crianças quando entrou pelo pátio? Estão tão felizes e algumas, inclusive, já estão tendo um expressivo progresso em muitas atividades que não conseguiam realizar quando aqui chegaram.

– Um ótimo trabalho, Padre Walter. Um ótimo trabalho. Fico satisfeito de ter podido colaborar um pouco para esta grande obra.

– Mas sente-se, Alfredo – convida o Padre, indicando-lhe uma cadeira e sentando-se à sua frente. – Realmente, uma grande surpresa! E Otávio? Como está?

– Está muito bem, Padre, e mandou-lhe um abraço.

– Um grande coração.

– Sim...

– Mas você não me parece estar muito bem. Ou estarei enganado?

Alfredo olha de maneira suplicante para o amigo Padre e confessa:

– Não está enganado, não, Padre. Estou muito mal.

– O que está lhe acontecendo?

Alfredo, mais uma vez, não consegue conter as lágrimas e é banhado nelas que narra tudo sobre o seu problema. O Padre ouve, atentamente, coloca sua cadeira mais perto da de Alfredo e coloca-lhe a mão direita por sobre a sua cabeça, num gesto de consolo e amizade.

– Tenha calma e vamos conversar. Pelo que estou entendendo, esse doutor Paes e uma junta médica formada pelos maiores especialistas no assunto, após minuciosos exames, chegaram à conclusão de que você tem, apenas, mais, digamos, seis meses de vida, certo?

– Sim, Padre, e não sei o que fazer. Aliás, eu nem sei o que estou fazendo aqui, conversando com o senhor. O que a Religião pode fazer por mim?

Padre Walter permanece por alguns instantes em silêncio. Sente muita pena de Alfredo, pois imagina o que ele deve estar passando, porém, naquele momento, não lhe vem à mente o que poderia dizer para lhe dar, pelo menos, algum ânimo. Afinal de contas, nunca, em sua vida, passara por momento como esse, onde alguém estivesse nessas condições. Já dera muitos conselhos aos seus paroquianos ou àqueles que o procuraram em busca de algum lenitivo para seus problemas, para suas dores, e sempre conseguira palavras de conforto e de esperança, mas para esse caso...

– Bem, Alfredo, acho que você faz muito bem em procurar apoio em Deus nessa hora difícil por que está passando, e pretendo fazer todo o possível para auxiliá-lo.

– Como, Padre Walter? Será que serei merecedor de um milagre? Acho que somente um milagre poderá me ajudar.

– Tudo é possível para Deus e Nosso Senhor Jesus Cristo.

– E o que faremos?

– Em primeiro lugar, devemos orar bastante.

– Não tenho feito outra coisa, Padre, mas as minhas dores estão aumentando, assim como as doses de analgésicos que venho tomando. E o pior de tudo é que não sei até quando vou conseguir esconder isso de minha esposa e de meus filhos. Também não sei se estou agindo corretamente, porque fico a pensar: não lhes seria menos doloroso se já fossem se acostumando com a idéia de minha morte, desde já?

– Acho que você deve aguardar mais algum tempo.

– Sinceramente, Padre, não sei mais o que fazer.

– Você acha que, realmente, não deve procurar outros médicos?

– Infelizmente, como já lhe disse, já foram consultados os melhores.

– Não chegaram a falar em cirurgia?

– Essa hipótese também foi estudada, mas chegaram à conclusão de que o risco seria muito grande e que não valeria a pena corrê-lo.

– Entendo...

– O meu caso é bastante grave, Padre. Gravíssimo. Na verdade, já possuo plena convicção de que, realmente, estou condenado, nada me restando fazer, a não ser colocar os meus negócios em dia e preparar-me para o meu desenlace. Mas tenho muito medo. Medo das dores que, certamente, advirão, cada vez maiores, com o passar do tempo; medo da morte e do que me espera... você sabe... céu... inferno... ou o nada.

– Não fale assim, Alfredo.

– O que quer que eu fale? – lastima-se, com as lágrimas brotando, novamente.

– Venha cá, meu amigo – convida o Padre, tomando-o pelo braço. – Vamos dar uma volta pela Casa. Quero mostrar-lhe o que você ajudou a construir. Depois voltaremos e conversaremos mais um pouco. A propósito, almoçará comigo hoje e, se quiser, também poderá passar o dia todo aqui e ir embora amanhã ou depois. Quando quiser. Tenho um quarto de hóspedes e...

– Muito obrigado, Padre, mas penso em voltar à tardezinha. Quanto ao convite para o almoço, aceito com prazer.

Percorrem, então, todas as dependências, e o Padre faz questão de explicar todos os detalhes da construção e o trabalho que estão realizando com as crianças excepcionais, na tentativa de fazê-las progredir o máximo possível para, talvez, um dia, se reintegrarem na sociedade, em algum tipo de trabalho que lhes seja possível realizar e sentirem-se úteis.

– Como já lhe disse, esta é, sem dúvida, uma grande obra. Também acredito que o trabalho é a melhor maneira de desenvolvê-las, pelo menos, até os seus limites e fazê-las mais felizes.

E, assim, passam toda a manhã, com o Padre Walter procurando abordar os mais diversos assuntos, na tentativa de distrair e acalmar, um pouco, o amigo. Depois, almoçam juntos e retornam à capela.

– Bem, Padre, quando interrompemos a nossa conversa, aqui, nesta capela, para caminharmos um pouco, eu estava falando sobre a minha dúvida com respeito ao céu, inferno ou o nada...

– Sim...

– O que o senhor pode me dizer a esse respeito?

Padre Walter pensa um pouco, olha para o amigo, e procura responder à sua pergunta.

– Bem, Alfredo, essa é uma pergunta um tanto complexa. Veja bem: nós cremos que o homem, ao morrer, terá sua alma libertada do corpo e que, de acordo com os seus atos, terá uma recompensa ou um castigo, porém, não sabemos, ao certo, como isso se dá. O que posso dizer a você, com toda a certeza, é de que nós temos de acreditar na justiça de Deus, seja ela como for, porque, senão, de que adiantaria o homem ser bom e agir corretamente aqui na Terra, não é mesmo?

– Mas o senhor acredita que a vida não termina com a morte?

– Acredito piamente. Inclusive, li um livro, escrito por um médico ilustre, norte-americano, onde são relatados diversos casos de pessoas que tiveram uma morte clínica por algum lapso de tempo e que retornaram à vida. Essas pessoas disseram ter tido a sensação de estarem flutuando e sentido uma grande paz, como se estivessem diante da presença de um ser muito bondoso, todo luz e amor, e algumas não sentiram vontade alguma de retornar ao corpo físico.

– Isso seria o céu?

– Não sei lhe dizer, Alfredo. Talvez estivessem a caminho dele. Também não posso comprovar tudo o que li nesse livro, porém, achei que haviam sido experiências bem semelhantes, umas das outras.

– E nenhuma delas chegou a ir até o inferno para descrevê-lo?

– Não se falou nisso, nesse livro.

– Por que será? Será que todas tinham condições de ir para o céu?

– Penso que outras já tenham tido esse tipo de experiência, mas acredito que, nesses casos, não se recordem, talvez, por um bloqueio na memória. Afinal de contas, essa experiência, se houve, deve ter sido muito traumatizante.

Alfredo começa, então, a rir nervosamente, pois percebe o teor da conversa que estão tendo. Quando – pensa – imaginaria estar tendo, um dia, essa preocupação com a morte, ele que ama tanto a vida?

– O que foi, meu amigo? – pergunta-lhe o Padre, diante dessa sua reação.

– Nada, não, Padre Walter. Não estou rindo do senhor. Apenas não me conformo de estarmos tendo esse tipo de conversa, como se estivéssemos discutindo uma viagem turística.

– Sabe, Alfredo, penso que todo homem deveria estar preparado para essa viagem que não marca dia, nem hora.

– Confesso que estou com muito medo e não sei o que fazer.

Padre Walter abaixa a cabeça e fica em silêncio.

Sente-se, mais uma vez, inútil, sem mais nada a dizer para consolar o amigo e uma grande frustração lhe percorre o íntimo. Alfredo percebe a sua situação e resolve despedir-se.

— Bem, Padre, vou voltar para a Capital.

— Já?

— Sim. Ainda tenho muito o que fazer.

— Olha, Alfredo, não sei se pude ajudá-lo, mas, o que posso lhe dizer no momento, é que tenha plena confiança em Deus e tudo percorrerá o seu caminho já traçado.

— Deus lhe pague, Padre.

— Volte sempre.

— Voltarei.

Alfredo já está saindo, quando o Padre o chama de volta.

— O que foi?

— Espere um pouco.

O Padre sai, entra em seu quarto e traz um papel com um endereço, que entrega a Alfredo.

— O que é isto?

— Esse papel contém o nome de um homem e um endereço. Procure entrar em contato com essa pessoa e marque um dia para ter com ela.

Alfredo apanha o pedaço de papel das mãos do

Padre e lê o nome: Cláudio de Mello e, logo a seguir, um endereço na Capital e um número de telefone.

– Quem é, Padre?

O religioso olha para os lados, como se estivesse querendo certificar-se de que estavam sozinhos na capela e responde em voz baixa e grave:

– Por favor, Alfredo, não diga a ninguém que lhe indiquei essa pessoa, ou melhor, pode falar a Otávio, mas peça-lhe discrição.

– Pode confiar em mim, Padre. Mas quem é esse homem?

– Procure-o. Talvez, ele possa ajudá-lo.

Alfredo fica olhando para aquele pedaço de papel, sem nada entender e insiste:

– Quem é, Padre?

– Bem... não sei se estou sendo correto com os meus princípios religiosos, mas é que... muitas pessoas que estavam desenganadas pela Medicina foram curadas por ele. É um médium espírita.

– Espírita?!

– Sim...

– E o senhor o conhece?

– Não só o conheço, como já conversei várias vezes com ele. Diga-lhe que fui eu quem o mandou.

– Não entendo. O senhor é Padre...

– Sabe, Alfredo, existem muitas coisas neste Universo de Deus que, ainda, não compreendemos. Eu, pelo menos, não sei como explicar. Sou Padre, fiel à minha religião, mas não posso deixar de dar minha mão à palmatória diante de alguns fatos, assim como, não poderia deixar de indicá-lo a você. A bem da verdade, já fiz isso outras vezes.

– Já?! E ele conseguiu curar aqueles que o senhor encaminhou? – pergunta, ansiosamente, Alfredo, com o coração disparado diante daquela esperança, a lhe surgir ante os olhos.

– Alguns, sim, Alfredo.

– Meu Deus! Será que ele conseguirá, comigo?

– Rezarei por isso, meu amigo.

– E como o senhor o conheceu?

– Há muitos anos, minha mãe estava condenada, assim como você. Ele a curou e ela está viva até hoje, como se nada houvesse acontecido.

– Gostaria de lhe pedir um favor, Padre, pois não quero perder um só segundo. O senhor não poderia ligar para ele, agora?

VI

– Definitivamente, não irei falar com ele – responde o Padre Warlet ao pedido de Oter. – Não acho que Alfius deva perdoar Clauter por sua desobediência e nem tenho coragem de lhe pedir isso.

– Você não tem coragem ou não quer? Acho que, no fundo, o que você quer, mesmo, é ver o curandeiro morto.

– Por favor, Oter, não tire conclusões precipitadas.

– Mas só posso chegar a essa conclusão. Afinal de contas, com Clauter morto, você será o maior poder religioso nestas paragens.

O Padre Warlet enrubesce com essas palavras e argumenta, bastante irado.

– Eu já sou o maior poder religioso. Ou você acha que um druida qualquer terá vez junto a Alfius?

Oter enche outra caneca de cerveja para si, uma de vinho de maçã para o Padre e, desfechando grande mordida numa coxa de ganso assado, procura, bastante irônico, tocar no ponto fraco do obeso representante do clero:

– "Vossa santidade" ainda tem muito medo da morte?

O Padre engole em seco, toma de uma só vez a caneca de vinho, enxuga a boca nas mãos e, dando sonora arrotada, responde, contrariado:

– Tenho, sim. Tenho muito medo da morte e não tenho vergonha em dizer isso. Por que me faz essa pergunta?

Oter continua, irônico:

– Nunca pensou poder ficar doente, de repente? Do jeito que "vossa santidade" come...

– De repente? – pergunta, preocupado, tão suges-tionável é quando se fala em doenças.

– Sim... de repente... uma disenteria, uma caxum-ba... "vossa santidade" já teve caxumba?

– Não. Ainda não – responde, engolindo em seco.

– O fogo dos pulmões, por exemplo...?

– Por que está me dizendo isso? – pergunta, já começando a suar.

– Sabe por que, seu porco, vestido de batinas?

O Padre Warlet arregala os olhos, assustado, com o tom de voz de Oter, que continua:

– Porque se isso acontecer e Clauter estiver morto, quem irá curá-lo? Sua rezas mal decoradas em latim, seu imbecil?!

O religioso sente enorme mal-estar, assim como um frio suor começa a empapar-lhe o colarinho da veste negra.

– Como ousa falar assim comigo? – responde, colérico, apesar de ter percebido uma grande verdade nas palavras de Oter. Realmente, se Clauter morrer e ele ficar doente, quem irá curá-lo?

Nesse momento, Alfius entra no grande salão do castelo, fazendo-se acompanhar por Isidra, sua mulher, a quem Oter já havia recorrido, a pedido de Clauter, e que lhe prometera tudo fazer em benefício do curandeiro.

– Ainda estão comendo? – pergunta Alfius um tanto irritado. – Será que é só isso o que sabem fazer?

Oter e o Padre Warlet nada respondem e, apenas, acompanham-no até seu lugar predileto no centro do banco que rodeia a enorme mesa, ainda com os restos da comida do almoço. Alfius faz, naquela mesa, suas refeições diárias, geralmente, acompanhado de sua esposa Isidra, de Oter, seu conselheiro, do Chefe da Guarda do castelo, de alguns dos capitães das diversas alas de cavaleiros e de alguns dos postos mais importantes de sua fortaleza. O Padre Warlet, sempre que podia, ali, também fazia suas refeições.

Alfius, naquele dia, estava insuportável, tanto que esbofeteou um dos criados porque não havia limpado, a tempo, a mesa de refeições.

– Muito bem, sentem-se todos aqui – ordena. – Preciso falar com vocês. Oter!

– Sim, meu Senhor.

– Você já conseguiu convencer aquele patife do Clauter?

Oter, apesar de já ter ensaiado uma desculpa, não consegue expressá-la, pois Alfius está, por demais, nervoso e resolve, então, falar a verdade:

– Ainda não, meu Senhor. Na verdade, Clauter está irredutível e acredito que, se ele perceber que o Senhor irá condená-lo, fugirá para longe daqui.

– O quê?!!! Ele lhe disse isso?!!!

– Não, meu Senhor – mente, agora –, mas pude perceber que essa será sua atitude.

– O patife irá fugir e levar consigo o Colar Sagrado e o segredo da Muscária? Nunca!!! Iremos prendê-lo antes que faça isso e será executado se continuar negando o que lhe ordeno.

– Meu Senhor – arrisca Oter –, como já lhe disse, todos precisamos de Clauter. Se ele conseguir fugir ou, pior, se for executado, quem cuidará de nossas doenças, de nossos males?

– O Padre Warlet. Quem mais haveria de ser?

– Eu?!!!

– Alfius, escute-me – insiste Oter –, o Padre Warlet é um imbecil que não entende nem de sua própria igreja, quanto mais da arte de curar.

– Ele aprenderá em pouco tempo. Você vai ver. Afinal de contas, não é função de todo o Padre cuidar das almas? Pois bem, que cuide de nossos corpos, também.

– Mas... – murmura o Padre, sem coragem de continuar.

O SENHOR DAS TERRAS

– Não tem nada de mas. Você, Padre Warlet, comece já a aprender a arte de curar.

– Com quem? – pergunta, ainda mais imbecilizado.

– Se você não sabe, eu é que vou saber? O que foi que aprendeu no mosteiro, heim, Warlet?

– Aprendi a rezar, meu Senhor.

– Pois, então, recomece a rezar, pois precisará de muita ajuda de seus anjos e santos.

– Meu marido – interrompe Isidra –, acho que Oter tem toda a razão. O Padre não conseguirá, e quem estará apto a curar a nossa gente e a nós mesmos?

– Bah! Esse povo está muito mal acostumado com esses chás e poções de Clauter. Qualquer dorzinha já correm até ele. Na verdade, esse curandeiro, praticamente, acabou com o conhecimento das pessoas de como tratar seus próprios males. Antes de ele aqui chegar, qualquer um sabia como sanar uma dor de barriga, um vômito... sei lá... essas doenças corriqueiras. Nem uma urina sabem, mais, examinar. O próprio filho de Arkon não quis aprender com o pai e, agora, o velho morreu. Como é que nós, cavaleiros, sabemos como cuidar de um ferimento de espada ou de machado? Heim?! Pois o povo vai ter de aprender tudo de novo se Clauter não me obedecer, porque eu o executarei no mais fétido dos calabouços. E, quanto a você, Padre Warlet, se necessário for, volte para a reclusão e aprenda a exorcizar o demônio da doença ou a sua cura. Eu não o trouxe para cá apenas para rezar a missa e ouvir a confissão das almas pecadoras. Se preciso for, solicitarei outro Padre ao Grande Rei.

O Padre Warlet sente um estremecimento e o suor começa a escorrer, novamente, pelas suas gordas faces.

– Não será necessário, meu Senhor. De agora em diante, passarei a curar os enfermos. Mas... acha, mesmo, que seria de bom alvitre executar o curandeiro?

Alfius fulmina o religioso com o olhar e sua voz sai mais ameaçadora ainda:

– O quê?! Como ousa duvidar de minhas decisões?! Se Clauter não me obedecer até o amanhecer do dia de Pentecostes, será preso, julgado e executado. E, além do mais, que eu me lembre, a idéia de eu ter de usar o Colar Sagrado e utilizar o segredo da Muscária foi sua.

Oter não se contém e explode:

– Essa maldita idéia foi sua, Padre Warlet?! Foi sua?! Que importância tem, para você, esse Colar? Será que, agora, passou a crer no poder mágico dos druidas? Você não acha que está negando a sua crença ao dar tanta importância ao uso dessa peça, por Alfius? E quanto à Muscária? O que pretende fazer ou o que pretende que Alfius faça? Enlouquecer as pessoas ou será que você será o primeiro a experimentá-la? Heim?! Pois peço a Alfius, Senhor destas terras, que, se conseguir o segredo da Muscária, faça com que você seja o primeiro a experimentar os seus efeitos mágicos, que o fará recordar seu passado inútil e vislumbrar o futuro que o espera.

– Não!!! – grita, amedrontado o Padre. – Não!!! Não serei cobaia dessa droga! – E continua, em desespero – Não me faça fazer isso, meu Senhor! Eu lhe imploro! Tenho medo, muito medo!!!

– Você não passa de um covarde, Warlet! – acusa

O SENHOR DAS TERRAS

Alfius. – Pois, então, vou lhe dizer uma coisa: dê um jeito de Clauter me entregar o Colar Sagrado e ensinar-me o segredo da Muscária, ou, então, quando conseguir colocar as mãos naquele fungão, você será o primeiro a provar seus poderes. E se quer saber, meu primo Holess, lá do norte, já tem em suas mãos essa planta e irá enviar-me boa quantidade dela. Ele não sabe o seu segredo e não tem a mínima vontade de descobrir, mas nós podemos fazer isso, não é, Warlet? Faremos uma verdadeira fila de cobaias e você será a primeira, já que tem tanta vontade.

– Maldito Oter!!!Se isso acontecer, eu o excomungarei para sempre e derreterá no fogo do inferno! Maldito!

Oter solta enorme gargalhada e retruca:

– Encontrar-nos-emos lá, meu amigo.

Nesse momento, Isidra, que até então se mantivera em silêncio, dirige-se a Alfius, fingindo desconhecer o fato, apesar de Oter já ter pedido a ela que intervenha em favor de Clauter:

– Meu Senhor e marido, por favor, não estou entendendo bem o que está acontecendo. Você está falando em executar o curandeiro?

Alfius dirige o olhar, agora mansamente, para a esposa e lhe responde:

– Sim, Isidra. Infelizmente, não terei outra alternativa se ele não me obedecer. Esse acontecimento já ultrapassou as paredes deste castelo e o povo já está sabendo de tudo. Se não cumprir com a minha palavra, ficarei desmoralizado.

– Mas, Alfius, ele curou os olhos de nosso filho! Entendo, perfeitamente, que ele tem de obedecer às suas ordens. Só não entendo como pôde dar uma ordem dessas a ele. Afinal de contas, ele é um druida, e é evidente que ele não poderá cumprir essa sua vontade. Sua fidelidade ao Colar é, para ele, algo muito mais sagrado do que tudo o que existe na Terra. Ele não cumprirá essa sua ordem. E para que você deseja possuir o segredo da Muscária? Sabe também que, por princípio, ele não o revelará. O que pretende fazer com esse fungão maldito?

Alfius coça a cabeça, meio atordoado com toda aquela conversa e percebe que, realmente, estava numa grande enrascada. Não podia, de maneira alguma, voltar atrás com sua palavra e, por outro lado, pensava nas consequências disso: o povo ficaria muito insatisfeito com essa atitude e percebia que Isidra, sua amada esposa, além de não o apoiar, parecia decepcionada com essa ordem que dera a Clauter. Mas, também, não podia desistir do Colar Sagrado e, principalmente, da Muscária. Warlet lhe garantira que com o seu chá, devidamente preparado, ele poderia ver o futuro e, com isso, evidentemente, teria todos os reinos aos seus pés. – O que fazer? – pensa. – E faltam apenas dez dias para o Pentecostes. Maldição! – Mantém-se pensativo por mais alguns momentos, e não vê outra saída a não ser a de manter a sua palavra e dirige-se à mulher:

– Isidra, minha querida esposa, talvez eu tenha errado, mas, como já disse, não posso mais voltar atrás. Ou Clauter cumpre minhas ordens ou será preso e executado.

Todos permanecem em silêncio até que, para alívio

de Alfius, o Chefe da Guarda entra no aposento para avisá-lo de que seu cavalo, assim como todos os homens, já estão no pátio, preparados para a caçada e, rapidamente, ele deixa o ambiente. O Padre Warlet, com receio de ficar ali, sozinho com Oter e Isidra, sai, também, seguindo Alfius de perto.

– Foi tudo idéia desse maldito Padre, minha Senhora – revolta-se Oter. – A Senhora viu e ouviu tudo.

– Sim, Oter. Mas agora, realmente, a única saída será a fuga de Clauter, porque não creio que ele obedecerá às ordens de Alfius.

– E minha Senhora pretende auxiliá-lo?

– Farei o que for necessário, mas Alfius não pode saber.

– Claro.

– Oter, faça tudo o que for preciso e eu o ajudarei no que precisar. Não posso deixar de socorrer aquele que curou meu filho.

– A Senhora é muito justa e estarei sempre ao seu dispor.

– Sei disso, Oter. Sei disso. Mas agora, gostaria que fosse ter com Clauter e lhe contasse tudo. Meu Deus! Faltam apenas dez dias para o Pentecostes! Vá, Oter, mas muito cuidado!

– Terei, minha Senhora.

✳ ✳ ✳

– Clauter! Clauter! – chama Iole, correndo pela floresta, em busca de seu amo, dirigindo-se para uma clareira, onde o curandeiro costuma cultivar algumas espécies de ervas rasteiras. Lá chegando, vê, apenas, o seu alforje e sua capa de couro de gamo. Olha em derredor e nada vê. Apura, então, os ouvidos e consegue ouvir um pequeno ruído de folhas na parte mais densa da floresta e, para lá, caminha, em silêncio. Penetra cerca de uns dez metros e, por entre algumas árvores vê Clauter erguendo algo que brilha em suas mãos.

– É o Colar Sagrado – pensa consigo mesma. – Será que é aqui que ele o esconde? – E continua a observá-lo.

Clauter embrulha, então, o colar feito de ouro maciço, de forma circular, aberto de um lado, e em cujas extremidades encontram-se esculpidas duas formas zoomorfas, mais parecendo duas cabeças de bode, com pequenos chifres retos e arredondados. Iole tivera poucas oportunidades de ver aquele colar que parecia magnetizá-la, tamanha era, para ela, sua beleza e brilho. Tocá-lo, nem pensar. Nenhum Colar Sagrado dos druidas poderia ser tocado por outras pessoas, a não ser pelo próprio detentor de seus poderes e Clauter, por sua vez, limitava-se a colocá-lo em seu próprio pescoço, em condições e datas muito especiais. Nisso, Iole percebe que seu amo o coloca, embrulhado numa peça de couro de javali, na cavidade de um tronco de madeira que, preso na extremidade de um cipó, é erguido até o alto de enorme carvalho.

– Então é aqui que ele o esconde – pensa a mulher, amedrontada, pois não quer que Clauter descubra que ela o está espionando. Então, bem devagarinho e com muito cuidado, Iole volta sobre os seus passos e, chegando novamente na clareira, começa a chamá-lo.

– Clauter! Clauter!

– Espere aí, Iole. Já vou indo – responde.

Poucos minutos depois, o curandeiro aparece de dentro da floresta, porém, para surpresa de Iole, pelo lado oposto de onde estava, o que faz a mulher raciocinar que ele tomava grande cuidado com o seu esconderijo, inclusive, dando-se ao trabalho de dar uma volta e aparecer por aquele lado.

– O que quer, mulher?

– O balseiro tem uma mensagem. Diz que é para você ir falar com o Padre Warlet. Ele está esperando para levá-lo até o outro lado do rio, onde um cavalo o aguarda, pronto para seu uso e diz que, depois, o trará de volta.

– O que será que quer esse homem? – murmura Clauter. – E por que ele não veio até aqui?

– Não sei. O balseiro não me falou mais nada.

– Vamos até lá.

Clauter, então, não conseguindo nenhuma informação do balseiro, resolve atender ao pedido, dirigindo-se de balsa e depois a cavalo, até a igreja localizada no enorme pátio do castelo, sendo, desde o portão de entrada até a porta da igreja, acompanhado por seis cavaleiros, fortemente armados, que ficam à sua espera do lado de fora, a fim de acompanhá-lo, depois, em seu retorno à saída. Por todo o trajeto não consegue ver Oter ou Alfius, apenas observando que, por detrás de uma alta janela, uma figura feminina acompanha os seus passos. – Será Isidra? – pensa.

Ao atravessar as portas da igreja, já em seu interior, vê a figura gorda do Padre Warlet que o espera debaixo do altar.

– Aproxime-se, Clauter – convida o Padre, o que é prontamente atendido pelo curandeiro, que não emite uma só palavra, a não ser quando chega a uma distância de apenas metro e meio do religioso.

– O que quer de mim, Padre?

– Por favor, sente-se – pede-lhe indicando um banco de madeira e sentando-se, ao mesmo tempo, à sua frente.

– Precisamos conversar seriamente, Clauter.

– Você, também, vai pedir-me que cumpra as ordens de Alfius?

– Como sabe?

– Imaginei.

O Padre pigarreia, coloca uma expressão grave em seu rosto e resolve ir direto ao assunto.

– É sobre isso, mesmo, que quero lhe falar.

– Vai perder o seu tempo e o meu.

– Ouça-me, primeiro, Clauter, pois o que tenho a lhe dizer é muito importante.

– Fale, então.

– Você corre grave risco de vida e eu quero ajudá-lo.

Clauter não consegue conter o riso.

– Você, Padre Warlet, quer ajudar-me, quer salvar a minha vida?

– Não ria, Clauter, pois sei até o dia em que será preso, julgado e executado.

O SENHOR DAS TERRAS

– Então, diga, homem, por que quer me ajudar.

– Porque minha vida, também, corre risco e por sua causa.

– Não posso acreditar – argumenta, irônico, Clauter. – Você está correndo risco de vida por minha causa?

– Sim, Clauter, e quero fazer um trato com você.

– Que trato?

– Eu lhe digo o dia e a hora em que será preso e você, em troca, me ensina o segredo do preparo da Muscária.

– E aí...?

– Aí você foge e estamos quites.

– E de que adiantaria ensinar a você o segredo do preparo da Muscária se você não a tem e nem é capaz de a reconhecer?

– Acontece que você não é o único conhecedor dessa planta, e um primo de Alfius, lá do norte, de nome Holess, já a está enviando para ele.

– E esse tal de Holess conhece a maneira de prepará-la?

– Não e nem se interessa porque não acredita que ela possa revelar o futuro, somente a utilizando como poderoso veneno. Por falar nisso... – pára um pouco para pensar e continua – como você sabe que ela revela o passado e o futuro? Por acaso já a experimentou?

– Sim, Padre Warlet, já a experimentei.

Na verdade, Clauter está mentindo. Sempre acreditou que o chá de Muscária, preparado como havia aprendido, poderia revelar o passado e o futuro, mas nunca se atreveu a experimentar, porque nunca teve coragem de ingressar nas fronteiras do tempo e, também, porque não achava correto fazer isso. Além do mais, era um veneno muito forte e não queria se arriscar a cometer algum engano no preparo. Sempre mentira a esse respeito como forma de manter a superioridade de seus conhecimentos. Mas, agora, está muito curioso com o rumo da conversa.

– Diga-me uma coisa, Padre Warlet: você disse que também corre perigo de vida. Posso saber o porquê?

– Por causa daquele maldito Oter.

– Oter?

– Sim. Ele convenceu Alfius a usar-me como a primeira das cobaias se eu não conseguir convencer você a obedecê-lo.

Clauter solta sonora gargalhada.

– Oter, Oter, estou começando a gostar de você.

– Não ria, Clauter! Ambos estamos correndo risco de vida, e se você não me ensinar o segredo do preparo, terá, na consciência, a morte de muitos seres inocentes que Alfius não hesitará em usar como cobaias humanas.

Clauter fica pensativo e preocupado, porque o Padre Warlet tem razão. Alfius será bem capaz de sacrificar vidas humanas, mas se ele ensinar o segredo da Muscária e Alfius tiver o futuro à sua disposição, provavelmente, uma quantidade muito maior de pessoas serão mortas nas guerras que ele, fatalmente, deflagrará, se estiver certo de sua vitória, através da antecipação do conhecimento dos fatos.

Nesse momento, entra Oter, que ficara sabendo da presença de Clauter na igreja.

– Clauter – cumprimenta. – O que faz aqui?

– Bem, agora, só está faltando a presença de Alfius.

– Não brinque, Clauter. O que faz aqui? Veio aplicar um corretivo nesse gordo que nos está causando todo esse transtorno?

– Não, não, Oter. Na verdade, vim a convite dele, mesmo.

Oter olha para o religioso, com grave expressão de perplexidade.

– Não precisa olhar para mim dessa maneira, Oter. Estou, apenas, querendo ajudar esse infeliz a não ser executado, mas parece que ele não possui cérebro.

– Você... querendo ajudá-lo?! Você está querendo é salvar a sua vida, isso sim.

– Sabe, Oter – brinca Clauter, mas com expressão bastante séria –, que não me importaria em morrer só para me divertir, em Espírito, é lógico, com o momento do Padre ingerir o chá da Muscária? Vai ser hilariante assistir à sua morte, à sua patética expressão de medo.

Ambos riem, enquanto Warlet sente estranho frio percorrer-lhe a espinha e passa a vociferar como um desvairado:

– Imbecis! Loucos! Loucos o que vocês são! Não têm medo da morte?! Você, Clauter, não a teme?! E você, Oter?!

VII

– Todos temos medo da morte, Alfredo – responde Otávio, diante da pergunta do amigo. – Afinal de contas, não sabemos o que nos espera, apesar de acreditar que teremos alguma recompensa, se formos bons e justos.

– Foi o que Padre Walter me disse, mas... não sei... tenho muitas dúvidas a respeito... na verdade, também, nunca me preocupei muito com isso.

– E você pretende ir procurar aquele médium?

– O Padre Walter telefonou para ele e combinou que eu estaria lá amanhã, às três horas da tarde. O que você acha?

– Olha, Alfredo, acho que temos de tentar tudo o que for possível. Além do mais, o Padre Walter o conhece e sua mãe foi curada por ele. Penso que o mais importante, nesta hora, é termos fé.

– Eu irei, sim. Na verdade, não tenho nada a

perder. Só tenho receio de me iludir. Sabe, Otávio, sinto muito medo... principalmente, do tempo. Sinto-me cada vez mais impotente a cada minuto que passa. Parece que minha vida está na dependência dos ponteiros de um relógio. Inclusive, passei a detestá-los. E estou com um outro problema muito grave, também, que não me sai da cabeça.

– O que é, Alfredo?

– Sinto muita pena de minha família, de minha esposa e de meus filhos. Como reagirão? Sei que não conseguirei esconder esta minha doença por muito tempo. Não sei se você já pôde perceber, mas o timbre de minha voz já começou a se modificar.

– Percebi, sim, não vou negar. Mas não se desespere, Alfredo. Não sei por que, mas sinto muita esperança nessa visita de amanhã.

– Como já lhe disse, tenho muito medo de me iludir.

– Eu o entendo.

– Bem, Otávio, tome conta de tudo. Preciso passar no consultório do doutor Paes. Ele vai receitar-me alguns calmantes para que eu consiga dormir à noite. Percebo que vou precisar, também, de analgésicos um pouco mais potentes, porque a dor está aumentando.

– Pode ir tranqüilo, amigo. Amanhã, se você quiser, almoçaremos juntos, na cidade, e, depois iremos conhecer o médium.

– Combinado.

✳ ✳ ✳

– Você acredita, mesmo, nessa história de médiuns, Isabel? – pergunta Otávio à sua esposa, naquela noite, em casa.

– Acredito, sim, inclusive, já cheguei a ler alguns livros a respeito do assunto.

– Sim, eu sei. Por isso estou lhe perguntando.

Otávio e Isabel formam um casal que procura levar a vida de uma maneira bastante simples, apesar de terem um bom rendimento mensal com o emprego de Otávio, junto às empresas. Isabel, tanto quanto Otávio, gosta muito de Alfredo, de Iolanda e de seus filhos, apesar desse carinho ter demorado um pouco para ser despertado, pois, no começo, quando conheceu o amigo e patrão do marido, chegou a sentir uma certa antipatia por ele. E ela, mesma, comenta esse fato com o próprio Otávio e diz não entender o porquê desse sentimento gratuito que chegara a alimentar.

– Já ouvi falar de muitos casos de cura, através de médiuns, inclusive, de pessoas desenganadas pelos médicos, que voltaram a levar uma vida normal.

– Quem sabe isso acontece com Alfredo, não é mesmo?

– Vamos rezar, Otávio. Alfredo é um homem muito bom, assim como Iolanda e seus filhos. Precisamos rogar a Deus que os ajude.

– Sabe, Isabel, corta-me o coração conversar com Alfredo. Ele está, agora, muito preocupado porque acha que Iolanda e os filhos, logo, logo, começarão a desconfiar e ele não está tendo a coragem de lhes revelar.

– Eu acho que ele deveria contar o quanto antes

para a sua família, para que todos, não só o ajudem, como, também, comecem a se preparar para, talvez, o pior.

– Também acho. Além do mais, sua doença está evoluindo muito rapidamente, com as dores aumentando e sua voz já, um tanto, modificada.

– Procure convencê-lo a contar a verdade, Otávio.

– Vou fazer isso. Mas sabe o que mais me deixa triste?

– O quê?

– É a preocupação de Alfredo quanto ao seu destino depois da morte. Vive falando de céu e inferno, esse tipo de coisa.

– Entendo...

– Você acha que existem, mesmo, Isabel? O que os livros espíritas falam sobre isso?

A esposa pensa um pouco. É a primeira vez que o marido lhe faz esse tipo de pergunta.

– Eu me lembro, Otávio, que uma de minhas dúvidas sobre a existência de céu e inferno, no tocante a uma felicidade ou sofrimento eternos, era, justamente, quanto à idéia de eternidade, porque não conseguia imaginar um Deus justo e bom que condenasse um de seus filhos, uma de suas criaturas, a um sofrimento eterno, sem que lhe fosse possível um perdão e uma nova oportunidade. Se nem um pai ou uma mãe terrestre não conseguem deixar de perdoar um filho e lhe dar nova chance, por que Deus, que é infinitamente bom, não o faria? Além do mais, imagine uma mãe, por exemplo, que teve a felicidade de alcançar o Céu, após a morte de seu corpo físico e que um filho seu tivesse ido para o inferno. O Céu não é um lugar de felicidade? Pois bem. Como essa mãe poderia ser feliz no Céu, tendo o filho no inferno, sem poder auxiliá-lo, fazer alguma coisa por ele?

– Você não deixa de ter razão...

– E não é só isso, não. Vou explicar-lhe uma outra coisa: por tudo o que você já aprendeu em outras religiões, o que acha que acontece com um bebê que morre, em tenra idade? Você acha que ele vai para o céu ou para o inferno?

– Sempre aprendi que vai para o céu, pois é uma alma inocente.

– Que é um lugar de felicidade, um paraíso, não é?

– Sim.

– Muito bem. E o que você aprendeu sobre uma pessoa muito ruim, um ladrão ou um assassino, por exemplo?

– Logicamente, irá para o inferno.

– Que é um lugar de sofrimento eterno, certo?

– Certo.

– Agora, tomemos, como exemplo, uma pessoa muito ruim, e imaginemos que, ao invés de ela ter crescido e se transformado no que é, tivesse falecido quando bebê, em tenra idade, o que teria acontecido com ela?

– Já estou entendendo aonde você quer chegar. Logicamente, pelo que aprendemos nas religiões que conhecemos, esse bebê iria para o céu, que é um lugar de felicidade eterna. E aí você perguntará: não teria sido melhor que essa pessoa tivesse morrido em tenra idade? Pelo menos, iria viver a felicidade ao invés do sofrimento eterno.

– Isso mesmo. E para completar, imaginemos dois bebês nascendo no mesmo momento. Um, morre em alguns dias e vai para o Céu; o outro vai passar pelas vicissitudes da vida e transformar-se em um meliante e assassino, que irá para o inferno quando morrer. Onde está a justiça de Deus, nisso? Com que critério Ele distribuiu a felicidade e o sofrimento eternos?

– E o que diz o Espiritismo?

– O Espiritismo nos mostra que reencarnamos muitas e muitas vezes neste planeta, a fim de evoluirmos e que, por pior que sejamos, sempre teremos uma nova oportunidade de resgatar os nossos débitos contraídos em uma encarnação mal aproveitada, nem que para isso sejam necessárias muitíssimas encarnações.

– Mas de que adianta todas essas encarnações se não nos lembramos delas? Eu, por exemplo, se tive outras vidas, não consigo me lembrar.

– Essa é outra questão muito importante dentro da Doutrina Espírita, que nos mostra que o esquecimento do passado é uma das mais importantes ferramentas da reencarnação e que é uma dádiva de Deus.

– Como assim?

– Em primeiro lugar, deixe-me dizer-lhe sobre um raciocínio que achei muito importante, na época em estava estudando essa Doutrina: qual você acredita que seja o maior anseio do homem que acredita em Deus e na vida eterna?

– O maior anseio...? Espere um pouco... Sim... Acredito que é o de um dia, de alguma forma, encontrar-se com Deus, viver em sua plenitude. Isso?

– Certo. Agora, diga-me: quantos anos você acha que um homem consegue, viver, em média, neste planeta?

– Hum... talvez uma média de sessenta ou sessenta e poucos anos.

– E você acredita que um Espírito, por melhor que possa ser, teria condições de se encontrar com Deus ou viver, como você disse, em sua plenitude, o que, logicamente, para isso, teria de se aproximar muito do Criador, com apenas sessenta e poucos anos de vida?

Otávio meneia a cabeça.

– Você tem razão, Isabel. Sabe que nunca havia pensado nisso?

– E não acha que, para isso, o homem teria de viver muitíssimos anos?

– Sim. E é por isso que ele reencarna?

– É lógico, Otávio. E, como nós, pelo menos neste nosso planeta Terra, pois dizem os Espíritos que existe vida, também, em outros planetas, em outros sistemas e em outras dimensões. Não conseguimos, ainda, chegar nas condições ideais para nos encontrarmos com Deus; vimos, de reencarnação em reencarnação, tentando progredir, cada vez mais, moral e espiritualmente, em busca dessa felicidade. Na verdade, o Espírito é criado por Deus, simples e ignorante, com a missão de depurar-se na prática do Bem, para poder elevar-se até planos mais altos, haja vista que a Terra é, apenas, um dos planos de vida do Universo. E, ainda nos revelam os Espíritos Superiores, que esses Espíritos reencarnam, geralmente, junto àqueles com os quais contraíram dívidas, procurando repará-las, para poderem aprender e evoluir. E é evidente que, para isso, têm de esquecer o passado, para que possam cumprir o que se comprometeram, antes dessa nova encarnação. Imagine se todos os Espíritos reencarnados se lembrassem do passado seu e de seus semelhantes. Seria o caos e não conseguiriam conviver, uns com os outros.

– E como seria essa reparação de dívidas?

– Vou dar-lhe um exemplo bastante elucidativo, que trata do ódio entre dois Espíritos, já que esse é o sentimento mais predominante a ser modificado, na caminhada evolutiva. Imagine dois Espíritos inimigos em uma encarnação e que levam esse ódio para além das fronteiras da morte. O que fazer para eliminar esse ódio do coração de ambos? Qual a melhor maneira para se conseguir esse intento?

– Confesso, Isabel, que estou perplexo ante todo esse seu conhecimento da Doutrina Espírita – interrompe Otávio. – Não sabia que você havia estudado tanto sobre esse assunto. Do jeito que você fala, acho, até, que já se converteu ao Espiritismo.

Isabel limita-se a sorrir diante da admiração que o marido parece estar sentindo por ela e de seu interesse pelo assunto. Aliás, havia muito tempo lia a respeito da Doutrina de Kardec, mas nunca tivera a coragem de se dizer Espírita e nem de levá-la muito a sério, porque achava que Otávio não aprovaria essa sua atitude, já que ele nunca havia se preocupado com religião alguma. E, agora, sente-se muito feliz com o elogio do marido.

– Realmente, você tem razão, Otávio. Hoje, considero-me Espírita, apesar de não freqüentar trabalhos dessa Doutrina. Mas por favor, responda-me o que lhe perguntei.

– Ah, sim. Você perguntou-me qual seria a melhor maneira de erradicar o ódio do coração de dois Espíritos. Isso?

– Sim.

Otávio pensa um pouco e responde:

– Penso que a única maneira de se realizar esse milagre seria trocar o ódio pelo amor.

– Muito bem, Otávio! – exclama Isabel, entusiasmada. – Você acertou em cheio! Então imagine que esses Espíritos que se odeiam, reencarnem como mãe e filho, não se recordando do passado, lógico. Essa mãe vai amar tanto a criaturinha que ela deu à luz e o filho sentirá tanto amor por ela, que um dia, no futuro, mesmo que consigam se recordar do passado em que se odiaram, nada mais importará para eles, pois o amor maternal e filial já se sobrepôs àquele sentimento menos nobre.

Otávio continua impressionado com o entusiasmo da esposa quanto ao Espiritismo e, diante de tão lógicas e sábias explicações, começa, também, a sentir um certo interesse e uma incrível vontade de ouvir e aprender mais.

– Isabel, diga-me uma coisa: todos os Espíritos reencarnam para reparar algum mal?

– Nem todos. Muitos já são um tanto evoluídos e aqui vêm ter para transmitir ensinamentos aos outros, seja por palavras, seja por exemplos edificantes ou, simplesmente, para ajudar algum outro Espírito, com o qual tenha afinidade.

– Certo.

– Outro fator importante a ser considerado é que somente a reencarnação pode explicar, por exemplo, as diferenças entre irmãos consangüíneos que tiveram a mesma educação, o mesmo carinho, os mesmos exemplos, e que são tão diferentes, moralmente.

– É verdade. E quanto a esses fenômenos que a televisão ou a imprensa às vezes nos mostram, de crianças prodígios que conseguem realizar coisas que, muitas vezes, somente um adulto conseguiria e que, mesmo assim, precisaria ser muito inteligente e passar muito tempo praticando para conseguir? Vou dar alguns exemplos: crianças pequenas que executam grandes obras musicais ao piano ou, ainda outras, que conseguem realizar monumentais cálculos ou aprender matérias complicadas, em pouquíssimo tempo?

Isabel sente-se satisfeita com a pergunta do marido.

– Mais uma prova da reencarnação, Otávio. Essas são aptidões que o Espírito traz de outras vidas e que Deus permite que isso ocorra para que o Espírito reencarnado seja levado a pesquisar sobre isso. No futuro, todos esses casos que a ciência já catalogou, serão estudados à luz do Espiritismo.

– Quer dizer que você acredita que a vida continua após a morte?

– É claro, Otávio. Infelizmente, preciso estudar um pouco mais sobre esse assunto, mas já li alguns livros onde é explicado que a verdadeira vida é a espiritual e que este mundo em que vivemos é uma cópia desse mundo espiritual.

– Quer dizer que, entre uma encarnação e outra, o Espírito vive num outro mundo, do qual este é uma cópia?

– Exatamente.

– Alfredo precisava tomar conhecimento disso.

– Eu espero que Alfredo consiga ser curado e viva por muitos e muitos anos junto a nós, mas se não for possível e partir, ele tomará ciência disso, Otávio. Sei que não se lembrará de quando lá já esteve, pelo menos por enquanto, no grau de evolução em que se encontra, mas tenho a certeza de que se sentirá muito bem porque é um Espírito bom e deverá ser muito auxiliado pelos Espíritos Superiores.

– Mesmo assim, gostaria que ele soubesse.

– Se ele se interessar, posso encaminhá-lo a algumas pessoas que terão imenso prazer em lhe ensinar. Penso, até, que esse médium, que vocês visitarão amanhã, tome alguma providência quanto a isso.

– Você acha que Alfredo concordará em aprender sobre algo que ele teme e que tenta evitar?

– Deus sabe o que faz, Otávio.

– Sabe, Isabel, penso que seria bom para ele acreditar em tudo isso, mas... – Otávio não consegue mais conter as lágrimas, sendo, carinhosamente, abraçado pela esposa que tenta consolá-lo – ... não queria perdê-lo. Alfredo é mais que um amigo. É um verdadeiro irmão, para mim.

– Eu sei, Otávio, mas precisamos confiar em Deus. E você precisa ser forte porque, se o pior acontecer, tudo estará em suas mãos, no tocante às empresas que você conhece tão bem e que precisará passar todo esse conhecimento para Carlinhos. Iolanda e Camila precisarão, também, de nós.

– Você tem razão. A vida de muitos funcionários e de suas famílias também dependem muito disso.

– Acho que deveria deitar-se um pouco, agora. O dia, amanhã, vai ser bastante cheio e você me parece muito cansado. Tem trabalhado muito, Otávio?

Nesse momento, o telefone toca e Isabel atende. É Iolanda.

– Como vai, Iolanda? – responde Isabel, disfarçando a emoção de conversar com a amiga, pelo fato de conhecer o grave problema de seu marido.

– Não estou muito bem, não.

Isabel tampa o fone do aparelho, para que a amiga não a ouça, e cochicha ao marido:

– É Iolanda – Otávio balança a cabeça, afirmativamente. Isabel retira a mão do fone e continua:

– Você não está bem, por quê?

– Alguma coisa deve estar acontecendo com Alfredo e eu não sei o que é. Estou tão angustiada.

Isabel sente-se perdida, sem saber o que falar.

– Como assim? – é a única frase que consegue exprimir.

– Eu não sei... ele anda tão estranho... sei que andou consultando um médico e fazendo algum tipo de exame, mas ele sumiu com o pedido do médico que eu havia visto, de relance, dentro de uma gaveta de sua escrivaninha e ele diz que foi, apenas, um exame rotineiro, mas percebo que está mentindo. Estou achando-o, também, tão abatido, tanto física, como emocionalmente. Até sua voz, Isabel... ele anda falando baixo, como se tivesse receio de que o ouçam. Não sei se ele está com algum problema de saúde e não quer nos falar ou se é problema na empresa. Otávio não comentou nada com você?

Isabel cora as faces e lágrimas brotam-lhe nos olhos.

– Não, Iolanda, Otávio não me disse nada.

– Ele está aí, Isabel?

– Otávio saiu um pouco – mente, tentando livrar o marido desse dissabor e faz enorme esforço para não cair em prantos, quase não conseguindo imobilizar o próprio queixo que treme, movido pela grande emoção.

– Você notou algo de anormal em Otávio?

– Não, Iolanda, ele parece-me bastante normal.

– Até meus filhos já perceberam e Carlinhos está com ele, lá, na varanda, tentando conversar um pouco.

Sabe o que parece, Isabel? Parece que Alfredo está tentando disfarçar o seu estado ou a sua preocupação, mas não consegue e pensa que está conseguindo. Eu não sei explicar. Tem hora que dá tanta pena em vê-lo tentando fazer algo que não consegue, tentando parecer normal, quando está visivelmente transtornado.

– Tenha calma, Iolanda. Vou falar com Otávio, quando ele chegar e pedir-lhe que converse com Alfredo.

– Faça isso, Isabel. Por favor.

– Eu o farei, mas peço a você que se acalme.

– Ah, escute. Pergunte a Otávio qual o nome do médico que Alfredo procurou. Ele me disse que não se lembra, mas que é o mesmo que seus amigos procuraram para fazer um *check-up*.

– Perguntarei, também, a Otávio.

– Muito obrigada.

– Escute, Iolanda, procure acalmar-se.

– Não sei se vou conseguir.

– Você está muito nervosa?

VIII

– Estou muito nervosa e com muito medo, senhor – responde Iole ao conselheiro Oter que, ao encontrar a mulher no povoado, no dia seguinte ao episódio da igreja, consegue convencê-la a acompanhá-lo até o castelo, onde a leva para conhecer algumas das melhores dependências da fortaleza, a fim de impressioná-la com o luxo e a fartura daquele reduto.

– Sabe, Iole – dirige-se a ela, passando-lhe as costas da mão direita pelo seu rosto –, você é, realmente, muito bonita e já lhe disse isso, não?

– Por favor – pede a mulher, envergonhada e com receio, pois não sabe o que poderá lhe acontecer se Clauter souber que ela esteve no castelo.

– De que você tem medo e por que está tão nervosa? Estou querendo ajudá-la e por isso a trouxe até aqui, para podermos conversar, sem que ninguém nos veja. Mas, fale: de que tem tanto medo?

– Do futuro.

– E por quê? Clauter a maltrata, por acaso, ou...

– Não, não, senhor. Clauter é muito bom para mim. É que...

– É que... – insiste Oter.

– Tenho ouvido falar umas coisas...

– Que coisas, Iole? Pode confiar em mim. Estou do lado de Clauter e você sabe disso, pois ouviu nossa conversa no dia em que estive lá.

A mulher sente-se constrangida ao ser recordado o fato de ter estado escutando por detrás da porta, mas sente um alívio em perceber que Oter está de seu lado.

– Não sei... as pessoas estão falando que se Clauter não der o Colar Sagrado e não revelar o segredo da Muscária ao Senhor Alfius, ele irá prendê-lo e executá-lo.

– E você acredita nisso?

– Acredito porque Clauter andou falando em irmos embora daqui, antes do dia de Pentecostes.

– E você...

– Eu não quero ir embora, mas ao mesmo tempo, não gostaria de me separar de Clauter.

– E por que você não quer ir?– pergunta, mansamente, Oter, tentando conseguir mais informações da mulher, que parece estar confiando, plenamente, nele.

– Porque Clauter quer voltar para o norte e eu não posso mais ir para lá.

– Você teve algum problema no lugar de onde veio?

– É... não sou pessoa muito querida por lá.

– E posso saber por quê?

– Não! – grita, de repente, a mulher. – Não!

– Acalme-se, Iole. Não precisa me contar. Não precisa contar a ninguém.

– Vou embora. Acho que já falei demais.

– Espere um pouco, mulher. Você não irá embora sem, antes, conhecer alguém.

– Quem?

– Venha comigo.

Oter leva Iole até o salão maior, onde Alfius, nesse momento, está conversando com seu palafreneiro, a respeito de uma égua que está para dar cria. Quando Alfius vê a mulher, seus olhos movimentam-se entre ela e Oter que, percebendo o seu interesse, interesse este que já imaginara, pois conhecia, de sobra, os gostos de Alfius, sorri-lhe, movimentando a cabeça, em sinal já conhecido.

– Pode ir, agora. Depois conversaremos a respeito do animal – ordena, despedindo o cavalariço.

– Meu Senhor, quero apresentar-lhe Iole, uma de suas súditas e, quem sabe, talvez, a mais nova moradora deste castelo.

Os olhos de Alfius acendem-se, cada vez mais, diante da beleza de Iole, observando-a, atentamente, como se estivesse examinando um de seus animais de raça.

Iole sente o interesse e deslumbra-se com a altivez de Alfius, que somente vira uma única vez, e com a beleza do ambiente, bem diferente do que habita com Clauter.

– Sinto-me encantado com presença tão deslumbrante. Mas a que devo a honra da linda visita?

Iole olha para Oter, como a pedir ajuda, pois não sabe o que fazer, nem o que falar.

– Esta linda mulher mora com Clauter, meu Senhor, e conhece, melhor do que ninguém, o segredo dos cogumelos e devota muita fidelidade ao curandeiro. Não pode imaginar o que é capaz de fazer por amor ao seu amo.

– Mas que maravilha! Fico muito honrado em conhecê-la, pois admiro muitíssimo as pessoas que sabem honrar seus senhores. A senhora deve gostar muito de Clauter, não?

Iole olha, novamente, para Oter.

– Pode responder, Iole. Pode conversar com ele.

A mulher abaixa os olhos e responde:

– Sim, meu Senhor, gosto muito de meu amo.

– Pode olhar para mim, Iole. Admiro muito a cor de seus olhos.

– Se me permite, meu Senhor – interrompe Oter –, esta mulher estava me dizendo que está muito infeliz porque ouviu dizer que o meu Senhor mandará prender Clauter e executá-lo.

– Oh, meu Deus! Não fique, assim, tão preocupada, bela criatura.

Iole, então, arrisca:

– Quer dizer que não é verdade o que estão falando? Que meu amo não precisa mais fugir antes do dia de Pentecostes?

Alfius olha para Oter, dá um ligeiro sorriso e responde:

– Bem, digamos que é uma verdade que pode ser modificada.

– Como assim? – pergunta Iole, bastante interessada.

– Oter, feche a porta e diga ao guarda que não queremos ser incomodados.

– Sim.

– Chegue mais perto, mulher.

Iole obedece.

– Sente-se aí e escute-me com atenção – ordena Alfius, indicando-lhe uma grande almofada bem próxima aos pés do banco onde está sentado. – Eu sou o Senhor absoluto de toda esta região, reconhecido que sou pelo Grande Rei e todos que vivem por sobre estas terras têm o dever de me obedecer. Quando ocorre alguma desobediência ao poder que represento, a lei do Grande Rei deste país, preste atenção, não a minha lei, mas a do Grande Rei, repito, diz que o desobediente deverá ser preso e executado para servir de exemplo aos outros e, apesar disso doer-me muito o coração, tenho que cumprir essa lei, ou, então, que Senhor das Terras sou eu que não obedeço às leis de meu Grande Rei, não é?

– Sim... – balbucia Iole.

– Muito bem. Acontece que eu dei uma ordem a Clauter e ele insiste em não me obedecer. Aliás, estou sendo bastante bondoso, dando um pouco mais de tempo para que pense bem e me obedeça e isso, em consideração ao que ele já fez pelos habitantes desta minha terra, muitas vezes, curando-os de seus males. Mas... todo o povo já é conhecedor do fato e não posso voltar atrás com a minha palavra e com as leis do Grande Rei. Inclusive, todos já estão sabendo do prazo concedido, quando essa exceção nunca foi feita a ninguém e já há quem está me criticando porque Clauter está tendo toda a chance de fugir.

– Mas – arrisca Iole – o meu Senhor disse que a verdade pode ser modificada...

– Oh, sim, desde que haja alguma vantagem.

– Que vantagem?

– Bem, digamos que se o Colar Sagrado vier ter às minhas mãos, ou o segredo da Muscária, eu poderia deixá-lo fugir em paz.

– Mas ele terá de fugir?

– Sim, porque senão, como vou poder explicar a não aplicação da pena prometida?

– O Senhor disse: fugir em paz...

– Disse fugir em paz, porque Clauter acha que será fácil fugir destas terras, mas não será. Antes que ele dê alguns passos, meus homens o terão apanhado e, aí, não terá mais jeito de salvá-lo da morte.

– Oh!

Alfius continua com seu jogo de mentiras:

– E então? Será que você não tem meios de salvá-lo da morte? Isso me traria uma grande paz. Sabe por quê?

– Não.

– Vou confessar-lhe uma coisa, mas terá de ser um segredo entre nós, certo?

– Certo.

– Infelizmente, eu cometi um grande engano.

– Engano?

– Sim. Eu não deveria nunca ter dado uma ordem dessas a Clauter. Mas é que não achei que ele dava tanta importância a esse Colar e a esse segredo e que, prontamente, me entregaria ambos. Não imaginei que ele fosse me negar e, agora, o que posso fazer? Você me entende? Devo satisfações ao meu povo. Então, o máximo que posso fazer é deixá-lo fugir em paz, mas desde que eu fique com o Colar ou com o segredo...

– Qualquer um deles basta ao Senhor?

– Oh, sim. Qualquer um para pagar a vida de seu amo. O que me diz disso?

– Eu não sei...

– Meu Senhor, se me permite – interrompe Oter.

– Pois não, caro conselheiro.

– Iole está, também, muito preocupada porque, apesar de toda a sua dedicação a Clauter, não pretende segui-lo e teme pelo próprio futuro.

– Verdade, mulher?

– Sim. Na verdade, gostaria que nada disso estivesse acontecendo, mas se meu amo precisa fugir para salvar sua vida, não tenho pretensões de segui-lo, apesar de toda a tristeza que, sei, invadirá meu coração.

– Mas, se quiser, poderá habitar este castelo, o que será uma grande honra para mim. Gosto de mulheres bonitas ao meu redor.

Os olhos de Iole adquirem um brilho novo, mas, agora, de ambição. Percebe que Alfius está interessado nela e já começa a fazer planos de tomar o lugar de sua mulher.

– Verdade?

– Que pode morar em meu castelo?

– Sim.

– Eu lhe prometo não só dar-lhe abrigo nesta minha fortaleza, como, também, refúgio em minha alcova, nas noites mais frias do ano.

– Se eu lhe trouxer o Colar Sagrado, Clauter poderá fugir em paz e eu poderei vir morar aqui, para o resto de meus dias?

– Pode ter toda certeza disso – responde Alfius, entusiasmado com as duas conquistas: o Colar Sagrado e aquela bela mulher. – E quanto ao segredo da Muscária?

O SENHOR DAS TERRAS

– Esse não poderei lhe entregar, meu Senhor, porque não o conheço. Somente Clauter o conhece e estou dizendo a verdade.

– Acredito em você, Iole. Sinto que não mentiria para mim.

– Tenha plena certeza, meu Senhor.

Até aquele momento, ninguém havia notado que Isidra estava numa sala contígua àquela e que ouvira toda a conversa.

– Patife! – desabafa, consigo mesma.

Isidra sabe que o marido é dado a aventuras amorosas e sempre encarou esse fato de maneira bastante natural. Afinal de contas, ele era o Senhor e, para ela, isso era até um alívio, pois seu casamento havia sido efetuado, apenas, para satisfazer mera questão de poder entre duas famílias nobres e poderosas. Mas o que não conseguia aceitar era a negociação que Alfius estava fazendo com Iole que, como as outras, estava sendo iludida pela riqueza e pelo poder. – Meu Deus! Até Oter parece estar acreditando nessa história. Será que não conhece Alfius? Quando ele adquire um ódio por alguém, não consegue perdoar! Preciso dar um jeito de avisar Clauter – pensa e sai por outra porta daquele cômodo.

– E quando isso se dará? – pergunta Alfius, gentilmente.

– Bem, preciso pensar um pouco...

Alfius e Iole sentem-se muito atraídos, um pelo outro, como se já se conhecessem de há muito tempo e, agora, estivessem se reencontrando.

– Dou-lhe um prazo até amanhã, de manhã, Iole. Não mais que isso e gostaria que se mudasse para cá, o mais breve possível.

Iole baixa os olhos, em sinal de respeito, e retira-se, acompanhada por Oter.

Alfius franze o cenho e fica pensativo. Está impressionado com o que sentiu, naqueles momentos, pela mulher e percebe que alguma coisa a mais passou a preencher a sua vida, algo como nunca havia sentido antes.

– Com essa mulher ao meu lado, serei capaz de dominar o mundo – pensa, sentindo uma pulsação acelerada por todo o corpo. – Será que me apaixonei?

Iole, por sua vez, sai em silêncio do castelo, rumo ao rio, de volta à casa do curandeiro. Também ficara muito impressionada com Alfius, sentindo forte emoção.

– O que estará acontecendo comigo? – pensa. – Sempre gostei muito de Clauter, apesar de ele não me considerar nada mais que uma serva, a não ser nos momentos de amor, mas a partir de hoje, parece que nada mais será tão importante, para mim, do que o que estou sentindo por Alfius. Que devo fazer? Entrego o Colar Sagrado e vou morar no castelo perto dele ou...? Não... Não posso acompanhar Clauter. Não posso voltar para o norte, mas devo fazer alguma coisa para salvá-lo. Sim. É isso mesmo. Vou entregar o Colar para Alfius e salvar Clauter.

– Onde estava até agora? – pergunta o curandeiro, quando Iole chega com a balsa.

– Perdoe-me se demorei, mas me distraí um pouco com as crianças do povoado.

Clauter sorri. Sabe que Iole tem muito amor por crianças e sente que tem errado com ela, pois durante todos esses anos de convivência, tem procurado evitar que ela engravide. – Será que não seria hora de assumi-la como sua mulher? – pensa e brinca com ela:

– De que você gosta mais, Iole? De crianças ou de cogumelos?

A mulher lhe sorri, sem responder e, em silêncio, dirige-se para o interior da casa, a fim de preparar a refeição.

* * *

– Oter, precisamos fazer alguma coisa! – adverte Isidra, visivelmente preocupada, ao encontrar-se com o conselheiro no pátio do castelo.

– A Senhora acha, mesmo, que Alfius não cumprirá a sua promessa de permitir a fuga de Clauter?

– Você parece não conhecê-lo, Oter! – exclama. – Ele não vai deixá-lo ir apenas em troca do Colar Sagrado. Está tão obcecado pelo segredo da Muscária, que chega a falar, dormindo. Alfius só pensa no poder e acha que verá o futuro com o chá da planta. Ele não desistirá disso.

– Penso que tem razão.

– E não consigo entender, Oter, por que levou aquela mulher até ele.

– Pensei na vida de Clauter, Senhora. Achei que Iole, talvez, soubesse onde está escondido o Colar e que se Alfius a convencesse, como acredito que o fez, estaria salvando o curandeiro. Mas, agora, estou percebendo que errei...

– Errou, sim. Errou muito, inclusive, quanto àquela mulher. Você percebeu o interesse de Alfius por ela?

– Como de outras vezes, a Senhora sabe.

– Não, Oter. Não como das outras vezes. Sou mulher e tenho uma visão mais dilatada sobre isso. Percebi que Alfius ficou impressionado demais com ela e isso foi recíproco.

– Será?

– Tenho certeza e percebo, inclusive, que estou correndo perigo por causa disso.

– ?

– Não faça essa cara de espanto, meu amigo. A intuição de uma mulher, nesses casos, não costuma falhar. Alfius vai acabar pretendendo tirar-me de seu caminho. Ele quer aquela mulher para sua companheira.

Oter fica fora de si.

– Pois não permitirei que ele toque num só fio de cabelo da Senhora! Sou capaz de matá-lo, se o fizer!

Isidra espanta-se com a reação do conselheiro e percebe desespero nos olhos dele.

– Meu Deus! – pensa. – Nunca havia imaginado que Oter tivesse tamanha dedicação por mim!

– Fique tranqüila, minha Senhora. Nada de mal lhe acontecerá. Eu prometo!

– Agora, precisamos dar um jeito de avisar Clauter.

– E como? Não posso ir até lá. Se Alfius souber que conversei com o curandeiro, estarei condenado, também.

– Eu irei.

– A senhora? Não! Não pode correr esse risco.

– Nada receie, meu amigo. Irei como se estivesse à procura de algum remédio. Alfius não desconfiará.

– Vai correr o risco?

– Não posso permitir que o homem que evitou que o meu filho ficasse cego seja executado pelo meu marido.

Oter admira-se com a coragem da mulher e de sua fidelidade a Clauter.

– Mandarei um de meus homens de confiança acompanhá-la.

– Não será preciso, Oter. Irei sozinha

– De qualquer maneira, procurarei estar por perto. Quando irá?

– Hoje, à noite, quando Alfius estiver dormindo.

– E como passará pelos portões?

– Com a sua ajuda, Oter. Posso contar com você?

IX

– Você sabe que pode contar comigo, Alfredo – responde Otávio, ao amigo, durante o almoço, no dia seguinte. Alfredo escolhera um local próximo ao endereço que o Padre Walter lhe dera. O restaurante em que se encontram é bem espaçoso e procuram uma mesa afastada da porta de entrada, a fim de poderem conversar com mais privacidade. Pedem pouca comida e, assim mesmo, apenas lambiscam, pois a intenção daquele almoço é o de poderem conversar, a sós, antes de se dirigirem ao Centro Espírita de Cláudio.

– Agradeço muito as suas explicações sobre Espiritismo, Otávio. Realmente, Isabel parece ter estudado bastante a esse respeito e acho, até, tudo muito lógico, justo e gostaria muitíssimo que tudo fosse dessa maneira se eu aceitasse friamente a minha situação, ou seja, a minha condenação à morte. Acontece que não consigo aceitar esse destino tão próximo. Não quero abandonar minha esposa e meus filhos. Eles precisam de mim, Otávio. Entende?

– Entendo, Alfredo. Tenho certeza de que se fosse comigo, talvez estivesse da mesma maneira, mas...

– Sei o que gostaria de me dizer.

– O quê...?

– Na verdade, você deve estar pensando: já que o desenlace é inevitável, por que o Alfredo não procura, pelo menos, saber como é o "lado de lá", não é?

– Absolutamente, meu amigo. Acho que você deve fazer o que está disposto, neste momento: procurar uma cura para o seu mal físico e é o que iremos fazer de agora em diante. Iremos tentar com o médium que o Padre Walter indicou e continuaremos nessa busca até encontrar uma maneira de curá-lo.

– Ou então, expirar o prazo...

– Não pense assim, Alfredo. Seja mais otimista, mais lutador. Lute contra essa doença. Se você se entregar, será pior. Vamos lutar, meu amigo.

Alfredo meneia vagarosamente a cabeça como que acatando o que Otávio está dizendo, mas não consegue disfarçar o desânimo que lhe toma conta.

– Sabe o que é, Otávio? Se eu não estivesse sentindo nada, teria bastante força para lutar, bravamente e com esperanças, mas acontece que as dores estão aumentando, minha voz está, cada dia, mais problemática, mais fraca e não vai ser fácil esconder, por muito mais tempo, de Iolanda e de meus filhos.

– Pois eu acho que você devia contar-lhes a verdade.

– Já pensei nisso, e até já tentei, mas na hora, faltou-me a coragem.

– Entendo...

– Apesar de que, mais dia, menos dia, terei de falar-lhes.

– Acredito que seria o melhor, porque, apesar do sofrimento deles, você teria um grande apoio.

– Acho que você tem razão. Agora, quanto a buscar alguma coisa, do "lado de lá", ainda não sinto coragem suficiente para isso.

– Esqueça isso, Alfredo. Na verdade, não deveria ter-lhe falado a esse respeito. Desculpe-me.

– Não peça desculpas, Otávio. Nós somos grandes amigos, na verdade, quase irmãos, e eu sei que você quer e busca o melhor para mim. E lhe agradeço muito.

– Você quer, mesmo, que Isabel vá conosco até o Centro Espírita?

– Quero, sim. Ela tem muito conhecimento sobre isso e gostaria que ela observasse e me desse sua opinião sobre o que o médium disser. Aliás, foi muito bom você ter contado a ela sobre o que está me acontecendo. Gostaria que ela fosse conosco, sim.

– Está bem, então. Vou ligar para ela e pedir que nos espere. Passaremos em casa, antes.

✳ ✳ ✳

São quase três horas da tarde, e os três já se encontram, há algum tempo, no endereço indicado pelo Padre Walter. A casa é cercada por muros altos e do lado de fora, na calçada, algumas pessoas formam uma fila. Uma senhora, chamada Paulina, distribui senhas, a fim de organizá-la pela ordem de chegada. Às três horas, pontualmente, é aberto um portão que dá acesso a um pátio, com diversas árvores, sob as quais toscos bancos de madeira acolhem a todos no abrigo da sombra, à espera da chamada para entrarem na casa, que fica mais ao fundo do terreno. Trata-se de uma construção de alvenaria, muito simples, com cerca de setenta metros quadrados, possuindo uma porta central e duas janelas, uma de cada lado, acima da qual, na parede, vê-se pintado o nome: "Centro Espírita Luz Eterna".

Alfredo observa as pessoas presentes no pátio e percebe muito sofrimento em seus semblantes, ao mesmo tempo que uma certa expressão de esperança, traduzida por um tímido sorriso nos lábios. Todos permanecem em silêncio. Mais alguns minutos se passam e dona Paulina reaparece à porta do Centro e encaminha-se até eles, dirigindo-lhes a palavra:

– Meus irmãos, quero externar, a todos, as boasvindas a este local de meditação e prece e, como tal, peço que procurem manter-se em oração, a fim de criarem, em torno deste ambiente e de si próprios, uma aura de muito otimismo e, principalmente, de fé em Jesus, nosso mestre, e em Deus, nosso criador. Devo adiantar-lhes que essas vibrações, em muito, ajudarão os Amigos Espirituais, aqui presentes, no trabalho de preparação para o apoio aos doentes e necessitados. Nessa oração, procurem colocar todos os seus mais puros sentimentos, numa simples e franca conversa com Jesus. Será, agora, ligada uma música suave, através desses alto-falantes localizados nos galhos das árvores, para auxiliá-los nessa meditação. Gostaria, também, de aconselhá-los a ler boas obras espíritas, para que possam compreender a razão da vida e o porquê das coisas. Isso, em muito, os ajudará, daqui para a frente, na resolução de seus problemas mais íntimos e físicos. Recomendamos, inicialmente, a leitura das obras básicas de Allan Kardec, especialmente, *O Evangelho Segundo o Espiritismo* e *O Livro dos Espíritos*. Felizmente, almas bondosas nos fazem doações desses livros e, por isso, temos condições de distribuí-los, graciosamente, a todos, mas se porventura, alguns de vocês tiverem condições de adquiri-los, pedimos para que o façam, em livrarias da cidade e nos doem, a fim de podermos repassar a outros irmãos que não têm condições financeiras para isso.

Dona Paulina faz pequena pausa e continua:

– O médium Cláudio está em oração, preparando-se e, logo, logo, estará atendendo a todos. E, para finalizar, gostaria de saber se há, aqui, alguém que esteja desenganado pela Medicina. Se houver, peço que, se possível, permaneça no Centro, após o trabalho, para conversar com o irmão Cláudio. Mas prestem atenção, estou referindo-me, tão-somente, àquelas pessoas que estejam desenganadas, ou seja, que os médicos determinaram algum tempo de vida.

Alfredo não se contém e ergue o braço, como que informando estar nessas condições. Dona Paulina chega-se até ele, toma suas mãos entre as suas e fala-lhe, brandamente:

– Meu irmão, tenha fé; muita fé; os homens, realmente, através do avanço da Medicina, podem detectar, hoje, a evolução de alguma doença e fazer prognósticos a respeito de sua fatalidade, porém, cabe a Deus essa determinação e já vimos muita coisa acontecer sob a égide de Jesus e de seus emissários. Por isso, meu irmão, insisto: tenha fé. Deus não nos dá, nunca, um fardo tão pesado que não possamos carregar e tenha a plena certeza de que, a Deus, todo bondade, somente interessa a nossa evolução espiritual. Por favor, após o trabalho, se possível, permaneça aqui no Centro, que o irmão Cláudio irá conversar com você.

Alfredo, sob a forte emoção em que se encontra, principalmente, por causa da vibração do ambiente e da calma que essa senhora consegue lhe transmitir, não consegue conter as lágrimas e é com a voz embargada que se dirige à mulher:

– Deus lhe pague, minha senhora. Deus lhe pague!

Em seguida, dona Paulina dirige-se, de volta, ao Centro, abre a sua porta e pede que as cinco primeiras pessoas, na seqüência numérica das senhas distribuídas, ali entrem. Passam-se cerca de vinte minutos e elas saem, sendo, então, chamadas mais outras cinco, até que, após uma espera de hora e meia, chega a vez de Alfredo que, acompanhado por Isabel e Otávio, penetra no recinto. Seu interior, a exemplo do lado externo, é bastante simples: alguns bancos de madeira, alinhados uns atrás dos outros, em duas fileiras, com passagem pelo centro e, ao fundo, uma comprida mesa, coberta com uma toalha branca. À frente dessa mesa, ou seja, entre ela e os bancos, um homem, de aparência humilde, inclusive pelos trajes que enverga, permanece em silêncio, de pé, cabeça baixa, olhos cerrados, em aparente atitude de concentração e prece. Quando o primeiro paciente é levado por dona Paulina até ele, levanta a cabeça e, olhando com doçura para o doente, pede-lhe que pense em Jesus e coloca sua mão direita por sobre sua cabeça. Sua voz é grave e, ao mesmo tempo, suave.

– Meu irmão, você tem um problema na região do estômago. Correto?

– Sim – responde, visivelmente assombrado, o homem de cerca de trinta e poucos anos de idade.

– Abra sua camisa, por favor.

O doente obedece e o médium coloca, agora, sua mão esquerda sobre sua fronte e a direita, espalmada, no abdome.

Nesse momento, Alfredo parece sentir um forte odor de algum tipo de anti-séptico invadir o ar do ambiente.

– Está sentindo, Otávio?

– O quê? – pergunta o amigo.

– Esse cheiro.

– Não. Não estou sentindo nada.

– Eu estou – diz a mulher que se encontra sentada no banco de trás.

Um breve sussurro invade o ambiente, acusando que outras pessoas, ali presentes, também o sentiram.

– Pareceu-me sentir, também, agora – informa Isabel –. Mas foi muito rápido.

É, então, que dona Paulina esclarece:

– Se algum de vocês sentir algum tipo de odor, não se impressione. Isso é normal. O plano espiritual utiliza-se de medicamentos, que algumas pessoas conseguem captar, dependendo do grau de sensibilidade de cada um.

Em seguida, o médium despede o paciente, entregando-lhe um frasco com um líquido, parecendo um chá e lhe dá algumas recomendações de como tomar o remédio, pedindo-lhe para voltar na semana que vem, a fim de continuar o tratamento.

Algum tempo se passa e, após atender outros três pacientes, Alfredo, que até aquele momento não conseguira tirar os olhos do médium, como se estivesse hipnotizado pela sua pessoa, é chamado à sua frente e quase tem um desfalecimento quando o encara mais de perto. Dona Paulina precisa ampará-lo para que não caia e o ajuda a sentar-se no banco mais próximo.

– Eu o conheço – diz, visivelmente emocionado. – Eu o conheço... de algum lugar...!

– Acalme-se, Alfredo – pede-lhe o médium.

– Como sabe o meu nome?!

– Não se impressione com isso. Apenas imagine Jesus entre nós.

– Parece-me conhecê-lo, mas não sei de onde...

Cláudio dirige-lhe um sorriso e pede-lhe, novamente:

– Tenha calma. Pode ser que o médium lhe esteja

O SENHOR DAS TERRAS

transmitindo alguma recordação, através de suas vibrações eletromagnéticas. Pode ser, até, que isso lhe recorde, vagamente, outras vidas, mas não se preocupe com isso, agora. Concentre-se na esperança e na fé em Jesus.

É, então, que Alfredo percebe que é algum Espírito que lhe está falando, através de Cláudio, haja vista, que reportou-se à figura do médium como se fosse uma outra pessoa que não a que está se dirigindo a ele.

– É lógico – pensa. – Pelo que Isabel me explicou, no caminho para cá, um Espírito é que promove o tratamento, através do médium Cláudio.

– Vejamos – diz o Espírito, colocando sua destra sobre o pescoço de Alfredo que, novamente, sente forte emoção ao perceber que o Espírito havia captado o seu problema, já que não comentara nada sobre sua doença, nem com dona Paulina. Sente, também, uma enorme esperança, envolvida por inevitável alegria, pois passa a acreditar na capacidade do médium e na seriedade daquele trabalho.

– Sente dor, meu irmão? – pergunta-lhe o Espírito.

– Sim.

– Vou livrá-lo dela, mas você terá que tomar, pelo período de uma semana, este chá que vou lhe dar e na próxima quinta-feira deverá voltar.

– Dona Paulina pediu-me que aguardasse o final do trabalho.

– Sim – confirma o Espírito. – O irmão Cláudio irá falar com você.

– Esperarei.

– Deus o abençoe.

Alfredo, então, espera que os outros dois pacientes sejam atendidos e sai da sala, aguardando, no pátio do Centro, o término dos trabalhos, porém, não consegue tirar a figura do médium de seu pensamento e comenta com Isabel.

– Parece que o conheço, Isabel, mas não sei de onde. E o interessante é que sinto enorme carinho pela sua pessoa... não sei explicar...

– Também sinto isso, Alfredo. Parece-me conhecê-lo de há muito tempo.

– Talvez seja sua figura carismática, porque ele parece envolver-nos a todos com a sua presença – completa Otávio.

– Pode ser – insiste Alfredo –, mas tenho quase que certeza de já tê-lo conhecido. E sabe o que mais?

– O quê?

– Tenho uma triste impressão de ter feito algum mal a ele. Não consigo entender...

E as lágrimas brotam, novamente, de seus olhos.

– Você deve estar muito emocionado, meu amigo.

– Pode ser – concorda –, mas quando vi aquela marca em seu pescoço...

– Marca? – pergunta Isabel. – Que marca?

– Ele tem uma marca funda no pescoço. Vocês não viram? Como se fosse uma cicatriz.

– Não vi, não – responde Isabel.

– Eu, também, não – diz Otávio.

– Quando formos conversar com ele, prestem atenção.

Já são quase sete horas da noite, quando Alfredo tem um sobressalto.

– Meu Deus! Iolanda deve estar preocupada com meu atraso. Ela não sabe que estou aqui.

– É mesmo – concorda Isabel.

– Será que vai demorar muito?

– Cláudio já está atendendo o último grupo de pacientes.

– Bem, agora, vamos esperar – diz Alfredo.

Mais alguns minutos se passam e, com a saída das pessoas, dona Paulina convida os três a entrarem.

Desta feita, Cláudio está sentado à grande mesa e pede que se sentem à sua frente. Alfredo sofre outro choque e exclama:

– Cadê sua cicatriz?!

– Cicatriz? Onde? – pergunta o médium.

– No pescoço.

– Não tenho nenhuma cicatriz no pescoço, meu irmão.

Alfredo olha bem para o pescoço de Cláudio e desculpa-se:

– Tudo bem. Acho que foi impressão minha. Desculpe-me.

– Bem, meu amigo, vamos conversar um pouco. Como se sente, agora?

– Estou bem melhor. A dor parece estar diminuindo.

– Ela vai passar. Mas é necessário que tome esse chá que lhe foi receitado. Gostaria, também, de lhe pedir uma outra coisa.

– Pois não.

– Todas as noites, por volta das vinte horas, sente-se num local bem tranqüilo, com um copo d'água à sua frente e faça uma oração, rogando auxílio ao Alto. Nesse horário, estaremos aqui, neste Centro, orando por todos que nos procuram. Deixe, também, com dona Paulina, seu nome completo e endereço. Os Espíritos irão visitá-lo.

Alfredo sente enorme bem-estar e pergunta:

– Vou ser curado desta minha doença? Uma junta médica deu-me, apenas, mais alguns meses de vida.

– Alfredo, Deus não abandona seus filhos.

– Isso quer dizer que serei curado? – insiste Alfredo.

– Como está se sentindo?

– Bem. Como já lhe disse, já não sinto, quase, dor nenhuma.

– Então, tenha fé em Deus. Ele somente quer o nosso bem.

– Terei muita fé.

– Escute, Alfredo. Gostaria que freqüentasse o nosso Centro aos sábados. Tomará passes e ouvirá interessantes palestras que, em muito o auxiliarão e peço-lhe que leia algus livros espíritas que vou lhe indicar. Pode fazer isso?

– Sim.

– E deixe que sua família o ajude. Vai ser melhor para ela.

– O senhor acha?

– Tenho absoluta certeza.

– Está bem. Hoje, mesmo, contarei à minha esposa. Agora, já estou mais confiante e com muita esperança.

– Certo. Então, até sábado – diz Cláudio, levantando-se e despedindo-se dos três.

– Até sábado e Deus lhe pague.

✳ ✳ ✳

– Não chore, Iolanda – pede Alfredo, emocionado.
– Vou ser curado pelos Espíritos.

– Você acredita nisso?

– Acredito, sim.

– Mas por que não me contou, antes? Sofreu todo o tempo, sozinho!

– Não tive coragem, querida. Somente hoje a consegui porque tenho a esperança de ser curado e porque Cláudio aconselhou-me a contar tudo a vocês.

– Pois fez bem – concorda Iolanda, abraçando o marido.

– Você precisava ver que coisa impressionante, Iolanda. O Espírito chamou-me pelo nome e foi direto à minha garganta.

– E a dor passou, mesmo, Alfredo?

– Não estou sentindo mais nada. Até minha voz melhorou um pouco, não acha?

– Melhorou, sim. Quero ir com você no sábado. Preciso conhecer esse homem, que está curando você.

– Iremos juntos.

– Preciso ligar, agora mesmo, para Isabel. Quero que ela me explique mais alguma coisa a esse respeito e agradecer a ela e a Otávio pelo que estão fazendo por você.

– Ligue, sim, Iolanda. Realmente, são grandes amigos. São os irmãos que não tivemos.

Iolanda faz um afago no marido e disca para a casa da amiga.

– Alô, Isabel. É Iolanda. Alfredo acabou de me contar tudo. Antes de mais nada, Deus lhes pague, a você e a Otávio... Eu sei... sei... mas ainda assim... tudo bem, vocês são muito bons... sei... mas escute, Isabel, você também irá ao Centro, no sábado?... Sim... Eu disse para o Alfredo que gostaria de acompanhá-lo. Você acha que devo ir, também?

X

– Não, Oter, você não deve vir comigo – responde Isidra ao conselheiro, já nos portões do castelo, onde ele conseguira que soldados de sua confiança e lealdade ali ficassem de guarda, nessa noite. – Já lhe disse que, se Alfius descobrir, darei a desculpa de que fui atrás de um remédio para tentar uma nova gravidez e não queria que ele ficasse sabendo. Agora, se ele souber que você falou com Clauter, depois de tudo o que conversaram, ele será implacável e não quero que nada lhe aconteça.

Isidra surpreende-se com essa frase e Oter não pode deixar de notar que sua Senhora estava sendo sincera em suas palavras. Sempre nutriu verdadeira veneração por ela e sente-se, naquele momento, o homem mais feliz do mundo.

– Conseguirá ir até o rio, montada nesse cavalo?

– É evidente que sim, Oter. Sou excelente cavaleira.

– E como fará com a balsa?

– Já está tudo planejado. Um menino, filho de uma de minhas criadas mais leais me levará até o outro lado. Já deve estar me esperando.

– Muito bem, minha Senhora, que Deus a acompanhe. Homens! Abram os portões, bem devagar. Não quero barulho.

Nesse momento, um dos guardas que teria a função de sentinela nessa noite, e que fora trocado a mando de Oter, resolve retornar aos portões para buscar algo que lá esquecera e, encoberto pelas sombras de um torreão, iluminado pelo luar, ouve toda a trama de Isidra e resolve tirar proveito disso. Cuidadosamente, afasta-se dali, em direção ao castelo, à procura de Alfius.

– Amanhã, de manhã, falarei com você, Oter. Vá ao meu encontro. Estarei, bem cedo, na estrebaria.

Dizendo isso, Isidra afasta-se, lentamente, para que os cascos de sua montaria não façam ruídos. Percorre a estrada que a leva até o rio, onde o menino a espera, como combinado e, prendendo o cavalo pelas rédeas, no galho de uma árvore, acompanha-o até a balsa que os transportará à outra margem.

– Como farei para falar com Clauter, sem que Iole nos veja? – pensa Isidra, preocupada.

Já estão na metade do rio, quando uma idéia surge-lhe à mente.

– Menino.

– Sim, minha Senhora.

– Preciso que me faça um outro favor.

– Estou às suas ordens.

– Muito obrigada – agradece, fazendo pequeno carinho no rosto do garoto. – Preste bem atenção e isto será um segredo só nosso.

O rapazola sente-se importante com aquele pedido. Afinal de contas, partilhará de um segredo com aquela linda mulher, esposa do Senhor Alfius.

– Nem minha mãe poderá saber?

– Ninguém. Só nós dois.

– Pois é só ordenar – responde, orgulhoso.

– Eu tenho de falar com Clauter, a sós, e nem Iole pode saber disso. Entende?

– Sim, minha Senhora.

– Você fará o seguinte: quando chegarmos à outra margem, eu irei até debaixo daquele grande carvalho e você baterá à porta do curandeiro. Se Clauter atender, você diz, baixinho, que eu quero falar com ele e que é muito importante. Diga onde estou e espere-me na balsa. Se Iole atender à porta, você vai fingir que está com dores e pede para falar com ele. Tenho certeza de que o atenderá e, na primeira oportunidade, sem que Iole perceba, dê-lhe o recado.

– E volto para a balsa.

– Sim, mas por favor, dê um jeito para que Iole nada perceba.

– Pode deixar comigo, minha Senhora. Farei o serviço, direitinho.

Isidra beija a face do garoto e lhe agradece, dizendo que ele não se arrependerá por estar ajudado-a.

– Estamos chegando – anuncia o menino.

– Espere que eu chegue até a árvore, primeiro.

– Fique tranqüila, minha Senhora.

Isidra alcança o carvalho, iluminado fracamente pelo luar daquela noite e o garoto corre até a casa de Clauter, batendo à porta e rezando para que ele a abra. Porém, após alguns minutos e depois de insistentes batidas, é Iole quem atende.

– O que quer, menino?! Isso são horas de acordar as pessoas?!

– Me ajude, Iole! Me ajude! Pelo amor de Deus! Estou com muita dor! – geme, enquanto esfrega as mãos na altura do abdome.

– O que você tem?

– Devo ter comido o que não devia! Por favor, deixe-me falar com o curandeiro! Não agüento mais!

– O que comeu?

– Estava com muita fome e comi muitas maçãs verdes e um bom pedaço de peixe assado que encontrei nos restos de comida do castelo. Acho que estavam estragados. Por favor, Iole! Me ajude!

E o menino procura gritar cada vez mais alto, com o intuito de acordar Clauter que, logo, aparece por detrás da mulher.

– O que está acontecendo aqui?! Que gritaria é essa?

– Esse menino diz ter comido muitas maçãs verdes e peixe estragado. Deve estar com muita dor na barriga.

– E o que você está esperando, Iole? Já sabe o que dar a ele.

– Entre aqui, garoto. Vou cuidar de você – ordena Iole, pegando o menino pelo braço e arrastando-o para dentro da casa, enquanto Clauter volta para o quarto.

– Você tomará um chá muito bom que o curará de sua dor e fará com que nunca mais tenha coragem de comer o que não deve, só para não ter de tomar esta droga, novamente – comenta a mulher, dando uma divertida gargalhada.

– Oh, meu Deus, onde fui me meter!

– Pronto, tome tudo de uma só vez.

– Não! – grita o garoto. – Não quero tomar isso.

– Precisa tomar ou sua dor não vai passar.

– Não – insiste, dando outro forte grito.

– Você quer morrer?!

– Aiiiiiiiiiii!!! Nãooooooooooo!!!!

– Mas o que é isso?!!! – irrompe Clauter, visivelmente contrariado. – Pare de gritar e tome o remédio.

– Tenho medo dela!

– Medo de Iole?!

– Sim. Tenho muito medo dela.

– ?

– Só tomo o remédio se o senhor colocar em minha boca.

Clauter olha para a mulher e faz um muxoxo, divertindo-se com aquilo.

– Ele tem medo de você, Iole.

– ?

– Vá deitar-se. Eu dou o remédio a ele.

– Está bem.

Iole sai e quando Clauter está prestes a enfiar-lhe o remédio, goela abaixo, o garoto segura sua mão e lhe sussurra o recado.

– Isidra, aqui?

– Sim, mas ela não quer que Iole saiba de sua presença.

– Certo.

E Clauter começa a falar alto.

– Muito bem, meu filho, agora beba tudo.

E, brincalhão como é, o curandeiro, fá-lo beber de verdade.

– Meu Deus! Não existe nada tão amargo!

– Vai lhe fazer muito bem. Agora, venha, vou acompanhá-lo até a balsa.

– Precisava me fazer beber? – reclama, baixinho, limpando a boca com as mãos.

Saem, então, da casa e, enquanto o menino volta para a balsa, Clauter dirige-se em direção ao carvalho.

– Minha Senhora... – cumprimenta o curandeiro, abaixando o tórax, em sinal de respeito – O que deseja, tão tarde da noite?

– Vim aqui para ajudá-lo.

– Ajudar-me?

– Sim. Apesar da morte de meu filho, curou os seus olhos quando ele estava vivo e por isso não poderia deixar de ajudá-lo neste momento em que está correndo risco de vida.

– E eu lhe agradeço, mas a Senhora acha, mesmo, que corro risco de vida?

– Você não tem noção disso?

– Bem... sei que Alfius, seu esposo, está com a intenção de cumprir sua promessa de executar-me, porque não lhe entreguei o Colar Sagrado e não lhe revelei o segredo da Muscária...

– E não tem medo?

– Da morte, não, porque ela não existe, mas não gostaria de partir já, porque penso que minha missão ainda não terminou. Deve existir muita gente, neste mundo, precisando de meus remédios e ainda não tive a oportunidade de ensinar tudo o que sei a outra pessoa.

– E Iole?

– Já lhe ensinei alguma coisa, mas ainda não é o suficiente.

– Pois não deve lhe ensinar mais nada.

– Por quê?

– Ela vai traí-lo.

– Trair-me?

– Sim. Ela está sendo manipulada por Alfius.

– Não posso acreditar.

Isidra conta, então, tudo o que ouviu na conversa entre Alfius, Oter e Iole. Clauter fica pensativo por alguns momentos.

– Minha Iole... Pobre mulher.

– Pobre mulher?! – espanta-se Isidra.

– Sim, minha Senhora. Iole está querendo me proteger, salvar a minha vida, facilitando a minha fuga e procurando salvar a si própria, porque ela, realmente, não poderá retornar de onde veio.

– Percebi o olhar que ela e meu marido trocaram. Como lhe contei, deve haver algo mais forte.

– Pode ser.

– E o que pretende fazer?

– Tenho de tomar a atitude mais correta, sem pensar em mim ou em Iole. Sou um sacerdote druida e tenho de cumprir o juramento de proteger o Colar Sagrado e o segredo da Muscária, custe, isso, a minha vida ou a de quem quer que seja.

– Iole sabe onde está o Colar?

– Não – responde Clauter. – Ele está bem escondido.

– E como ela disse a Alfius que o entregaria, se ele o deixasse fugir em paz?

O SENHOR DAS TERRAS

– Será...? Não. Iole não pode saber onde ele está. Há muito tempo eu o guardo e tenho a certeza de que ela nunca o tocou.

– Mas ela não pode ter visto, um dia, onde você o esconde? Afinal de contas, Iole vive há muitos anos com você.

– Pode ser.

– Bem, Clauter, tenho que ir embora. Na minha opinião, acho que você deve pegar o seu Colar Sagrado e ir embora daqui. Alfius não irá poupá-lo, nem com o Colar nas mãos.

– Eu sei. Sei, também, que o que ele mais quer é o segredo da Muscária.

– Clauter, Alfius não pensará duas vezes em executá-lo.

– Só me resta ir embora, mesmo.

– Salve sua vida, Clauter, para que possa continuar curando os outros. Será uma grande perda para nós, mas Alfius, ainda, não se conscientizou disso.

– Eu lhe agradeço muito, minha Senhora, por ter-se arriscado, tanto, por mim.

– Não me agradeça, por favor. É o mínimo que poderia fazer por você. E, se for embora, que Deus o acompanhe. Pode ter a certeza de que eu continuarei a rezar todas as noite por você.

– A Senhora tem rezado por mim?

– Sim. Eu sei ser grata às pessoas que fazem o bem.

– Quer que a acompanhe até a outra margem?

– Não será preciso. Adeus, Clauter. Boa sorte.

– Adeus.

Isidra, então, afasta-se, em direção ao rio.

– Preciso ter uma conversa com Iole – pensa Clauter, dirigindo-se de volta à casa.

– Iole! Iole! – chama, ao entrar, mas não ouve resposta. – Iole! Iole! Onde está você?

O curandeiro percorre os arredores da casa, mas não a encontra. Então, tomado de repentino impulso, sai correndo, em direção à floresta.

– Iole! Iole! Não faça isso! Você não pode!

E, enquanto corre, os pensamentos, também, disparam em sua mente:

– Ela deve ter-me seguido e ouvido Isidra contar-me tudo. Como fui ingênuo...

Quando chega à clareira, antes de se embrenhar pela mata até onde está escondido o Colar, pára, por alguns segundos e, atentando os ouvidos, escuta o som de passos a afastar-se, mais, ainda, para o seu interior.

– Iole! Pare! Volte aqui!

E, desesperado, dirige-se até o carvalho que serve de esconderijo, e percebe que o cipó que mantém o tronco suspenso não está preso no lugar de costume. Revolve as folhas do chão, iluminado, apenas, pelo tênue luar que escapa das sombras das grandes árvores, até encontrar o esconderijo vazio.

– Iole!!! Iole!!! Volte aqui!!!

Mas a mulher já está longe e Clauter não sabe para que lado ela se dirigiu. Volta, então, triste e cabisbaixo, para sua casa, decidido a não mais partir, até recuperar o Colar Sagrado, sobre o qual mantém o juramento de guarda. No caminho, resolve mudar o rumo e dirige-se até uma outra clareira, onde, enfiando a mão numa cavidade natural de frondosa árvore, dela retira alguns objetos que leva para o centro de pequeno terreno desmatado. Apanha uma escudela de madeira e enche-a de terra. Em seguida, dirige-se até uma nascente d'água e colhe o cristalino líquido numa copa de bronze, retornando até onde depositara a pequena bacia e, depositando a copa ao seu lado, acende pequena fogueira, no meio dos outros objetos, onde deita uma espada do melhor metal até que se avermelhe como o próprio fogo. Senta-se, em seguida, defronte das chamas, fincando uma lança à sua retaguarda.

– Espíritos da floresta, responsáveis pelas boas ações do homens encarnados – recita em voz alta. – Estão dispostos, neste momento, os sagrados símbolos dos sacerdotes druidas: a terra, a água, o fogo e o ar. Imploro, neste momento, forças para enfrentar a grande batalha entre o Bem e o mal, sinceramente consciente de que, seja qual for o resultado dessa luta, a sabedoria e a bondade de Deus estará prevalecendo sobre os meus pensamentos e, se, porventura, sucumbir o meu corpo, que meu Espírito seja acolhido por criaturas magnânimas, concedendo-me mais oportunidades de para este mundo retornar, a fim de que possa, um dia, sublimar os meus sentimentos, ainda tão mesquinhos. E, neste momento, peço a ventura de ouvir suas vozes.

Dizendo isso, Clauter permanece por longo tempo em silêncio, parecendo ouvir, através dos sons da natureza, suaves palavras de reconforto e esperança.

* * *

A balsa já está chegando à outra margem do rio e Isidra diverte-se com o menino, que lhe conta o que aconteceu na casa de Clauter.

– E o chá era muito amargo? – pergunta ao garoto, rindo muito da travessura de Clauter.

– Estou, até agora, com o amargo gosto na boca – reclama.

– Desculpe-me se estou rindo da situação, mas, acima de tudo, admirei muito o seu procedimento, meu filho. Você é muito inteligente e muito valente. Além do que, não pode imaginar como me ajudou. Sou-lhe muito grata.

– Meu nome é Armon.

– Pois, então, Armon, se um dia precisar de alguma coisa, procure-me e mande-me a seguinte senha: menino do chá amargo.

E Isidra cai, novamente, na risada, acompanhada pelo garoto. Nesse momento, a balsa aporta às margens do rio.

– Chegamos, Senhora.

– Obrigada, Armon. Agora, vá direto para casa e não conte nada disto a ninguém.

Dizendo isso, Isidra desce da balsa e caminha até

onde está sua montaria e, qual não é a sua surpresa, quando não vê mais o cavalo que prendera, ali.

– Será que ele se soltou? – pergunta, em voz alta.

– A Senhora me chamou? – pergunta o menino, voltando, para ver o que Isidra estava querendo.

– Meu cavalo, Armon. Sumiu.

– Sumiu?

– Está procurando alguma coisa, minha querida?

– Quem está aí? – pergunta, assustada, ao ouvir a voz, bastante familiar.

Alfius, então, aparece por detrás de uns arbustos e, imediatamente, o local é cercado por muitos soldados.

– Oh, Alfius! Que susto me pregou!

– Você se assustou? – pergunta irônico.

– Lógico. Você pegou meu cavalo?

– Meu cavalo, você quer dizer.

– Meu... quer dizer... nosso...

– Posso saber onde foi, minha esposa?

– Claro. Fui até a casa do curandeiro.

– Mas a esta hora da noite?

– Não queria que soubesse. Era uma surpresa. Fui, às escondidas, procurar um chá para ver se consigo engravidar e dar-lhe outro filho.

– Outro filho? Mas por acaso, eu lhe disse que queria um outro filho?

– Disse, sim. Disse nas comemorações da Páscoa.

– Eu não me lembro. Bem... e, daí, você foi buscar um chá...?

– Sim.

– E onde está esse chá tão miraculoso?

– Eu...

Isidra percebe, então, que esquecera de, pelo menos, pedir algum remédio a Clauter, para servir de prova, se, por acaso, o marido descobrisse tudo. E esquecera-se.

– Cadê o chá, Isidra?

– Ele ficou de me preparar.

– Fale uma coisa para mim: você foi, mesmo, em busca de um chá para engravidar ou foi providenciar isso com Clauter?

– Como ousa falar-me, assim?

– Esquece-se, por acaso, que sou o Senhor das Terras?

– Eu não fiz nada que o envergonhasse, Alfius.

– É o que verificaremos. Ficará aprisionada por nove meses. Se nada acontecer, será libertada, porém, se sua barriga crescer, será executada.

– Não pode fazer isso, Alfius. Sou sua esposa.

– Por isso, mesmo. Por ser minha esposa, a esposa de um Senhor, é que não deveria abandonar o castelo, sozinha, à noite, para encontrar-se com alguém, sem que eu soubesse, sem que me pedisse a permissão.

O SENHOR DAS TERRAS

– Já lhe disse: queria fazer-lhe uma surpresa.

– Levem-na, guardas, e trancafiem-na no calabouço.

– Não, Alfius. Não faça isso comigo.

Mas Alfius mantém-se implacável. Sabe muito bem o que Isidra fora fazer na casa de Clauter, pois o guarda ouvira toda a conversa dela com Oter e decide prendê-la para que não faça mais bobagens. E, como ninguém poderá saber disso, dirá que não sabe de seu paradeiro. Quanto a Clauter, precisa esperar que Iole lhe entregue o Colar, para poder prendê-lo e exigir-lhe o segredo da Muscária.

– Oter também me pagará. Aquele traidor! – pensa, enraivecido.

– Veja o que encontramos, escondido, aí, na mata. – diz um soldado, trazendo Armon, de bruços, por sobre o seu ombro. O menino berra a plenos pulmões.

– Cale-se, garoto – ordena Alfius. – O que foi que você viu e ouviu?

– Não ouvi nada – choraminga.

– Sua mãe sabe que você levou Isidra até a outra margem do rio?

– Sabe. Foi ela mesma, e a Senhora Isidra que pediram para eu fazer esse trabalho.

– Leve-o para o calabouço, também. Turpa, venha até aqui – ordena a um dos soldados.

– Pois não, Senhor.

– Sabe onde mora esse menino?

– Sei, sim, Senhor. É filho de Viny.

– Pois vá até essa casa e dê um fim nela. Não quero testemunhas vivas e, muito menos, pessoas que tramaram contra mim.

O ódio de Alfius é tão grande pelo que está acontecendo, que sente uma leve tontura e precisa apoiar-se num dos soldados para não cair, recuperando-se, em seguida.

– Não está se sentindo bem, Senhor? – pergunta-lhe o soldado.

XI

– Estou bem melhor, agora – responde, Alfredo, a dona Paulina, que o recepciona no portão de entrada do Centro Espírita. Junto a ele estão Otávio, Isabel e Iolanda. – Não estou sentindo mais nenhuma dor e até minha voz parece ter melhorado bastante.

– Fico muito contente com isso. Mas entrem e tomem lugar no Centro. A palestra logo terá início.

– O senhor Cláudio fará a palestra? – pergunta.

– Não. Hoje irá falar o nosso confrade Antenor.

– É que gostaria que minha esposa o conhecesse.

– Ah, sim. Cláudio estará presente e, no final da palestra, poderá vê-lo.

– Muito obrigado.

Os quatro, então, entram no recinto do Centro e procuram sentar-se o mais próximo possível da mesa.

Outras pessoas também ali se encontram, acomodadas nos bancos, e bastam mais alguns minutos para que a sala fique completamente tomada. Dona Paulina dirige-se, então, à frente e convida a todos para acompanharem-na numa simples, mas sentida prece, agradecendo a intervenção do Alto nos trabalhos de apoio aos doentes e pela presença de tantos Espíritos amigos naquele momento. Roga, em seguida, que esses abnegados irmãos auxiliem a todos no entendimento do que, ali, irá ser estudado e que esse auxílio se estenda ao irmão Antenor, inspirando-o em suas palavras. Pede, também, que toda aquela vibração do ambiente seja, de alguma forma, levada a todos aqueles que soluçam e sofrem, fazendo menção, também, aos internados nos hospitais, clínicas, casas de saúde, orfanatos, cadeias públicas e que, ali, não podem estar presentes. Em seguida, ao término da oração, pede a todos que procurem freqüentar as próximas reuniões, porque, a partir daquele sábado, estarão reiniciando um ciclo de palestras e que, em muito, os auxiliarão na comprensão das verdades espíritas. Passa, então, a palavra ao seu Antenor, um homem de cerca de cinqüenta e poucos anos, bastante simpático e sorridente que, após dar as boas-vindas, começa sua fala.

– Meus irmãos, hoje, como dona Paulina já lhes explicou, estamos reiniciando um ciclo de estudos sobre a Doutrina Espírita e começaremos falando sobre uma figura que todos já devem, pelo menos, ter ouvido falar, que é Allan Kardec, o codificador do Espiritismo.

Os presentes meneiam a cabeça, em sinal afirmativo, e Antenor continua.

– Muito bem. Mas, por que codificador? Quem foi esse homem? Vou lhes dizer. Allan Kardec, cujo verdadeiro nome é Hippolyte Léon Denizard Rivail, nasceu no ano de 1.804, em Lion, na França e fêz de sua vida um verdadeiro apostolado pedagógico, tornando-se célebre pelos seus trabalhos em favor da Educação. Publicou muitos livros didáticos, diversos deles adotados pela Universidade de França e era muitíssimo respeitado nos meios científicos e educacionais, tendo em vista suas obras sobre Gramática, Aritmética, Química, Física, Astronomia e Fisiologia. Em 1.835, recebeu o Diploma da Sociedade de Ciências Naturais de França. Mas o que foi que fez com que um homem das ciências se interessasse pelos fenômenos espíritas e viesse a ser seu codificador? É o que vamos, nesta noite, explicar, mas, antes, devemos ter em mente que os fenômenos espíritas, a mediunidade, a influência do mundo espiritual em nosso mundo material sempre existiram, só que interpretados de diversas maneiras por todos os povos que já habitaram este nosso planeta; a crença na reencarnação é bastante antiga, também. Mas vejamos o que aconteceu com Allan Kardec.

Antenor dirige seu olhar para todos os presentes, abaixa a cabeça, como que a pensar nas próximas palavras e continua:

– Naquela época, os fenômenos começaram a tomar grande vulto. Como exemplo, temos a família Fox, no ano de 1.848, num lugarejo de nome Hydesville, no Estado de Nova Iorque; era uma família protestante, formada por John Fox e suas filhas Margareth, Kate e Leah. E o que aconteceu? Aconteceu que, de repente, ruídos, pancadas e batidas inexplicáveis começaram a ocorrer na cabana onde moravam, e resolveram pesquisar o mistério, achando tratar-se de pancadas do que denominaram "o desconhecido", decidindo, então, tentar entrar em contato com essa fonte. Começaram, então, a fazer perguntas que eram respondidas, inteligentemente, por pancadas, e descobriram tratar-se de um Espírito que fora assassinado naquele local, tendo esse fato sido provado ao descobrirem, no ano de 1.904, ou seja, cinqüenta e seis anos depois, um esqueleto, quando uma parede da casa ruiu. Na mesmo época, outros fenômenos, denominados de "mesas girantes", começaram, insistentemente, a acontecer, principalmente nos anos de 1.853 a 1.855. E o que eram essas "mesas girantes" que passaram a ser um passatempo em reuniões de salão e cuja única finalidade era a diversão das pessoas? Como isso era feito? Esse fenômeno era realizado numa pequena mesa, como esta que vocês estão vendo aqui.

E Antenor mostra uma mesa constituída de um tampo redondo, com uma coluna ao centro e que se apóia no chão, por meio de três pés.

– As pessoas – continua – sentavam-se ao redor de uma mesa como esta, colocando as mãos espalmadas sobre seu tampo. A mesa, então, adquiria uma estranha vibração, como se estivesse sendo percorrida por um fluido elétrico. Em seguida, as pessoas faziam perguntas a ela e as respostas vinham por intermédio de pancadas, cujo número delas correspondia a uma letra do alfabeto e, dessa maneira, juntando-se as letras, formavam as palavras e, com estas, as respostas às questões. E essas mesas não se limitavam a, apenas, bater um pé, mas chegavam a mover-se em todos os sentidos, giravam e, às vezes, elevavam-se no ar, sem se descobrir o porquê ou que força as movia. Eram a coqueluche do momento e as pessoas se divertiam muito com isso, principalmente com as respostas que, apesar de inteligentes, eram frívolas em seu conteúdo, mesmo porque, as perguntas que lhes eram feitas também continham a mesma frivolidade. O

O SENHOR DAS TERRAS

professor Rivail ouve, então, falar do sucesso dessas "mesas girantes" e fica curioso quando um seu amigo, de nome Fortier, lhe fala sobre a força inteligente que as move e resolve verificar com os próprios olhos, já que, como cientista e pesquisador que era, tinha o hábito de somente acreditar naquilo que via e que pesquisava a fundo. E é, então, que em 1.855, assiste a uma sessão desse tipo, na casa de Madame Plainemaison, convencendo-se de que, realmente, alguma força inteligente estava movendo as mesas. E assiste a diversas outras reuniões desse tipo em casa da família Baudin, onde as meninas Caroline e Julie, de catorze e dezesseis anos, recebiam mensagens, através de um lápis preso em uma cesta, segura pelas pontas dos dedos. Essa cesta, instada a responder a perguntas, mexia-se livremente e escrevia por sobre uma pedra de ardósia. E Rivail começou, então, a programar, já que era um excelente pesquisador, perguntas importantes que fazia a diversos Espíritos e ia colecionando todas essas respostas. E é evidente que o Alto, através de seus emissários de luz, interessados na divulgação da verdade, vendo que o professor Rivail, por sua seriedade, estava disposto a cumprir aquilo que, certamente, já fora designado a realizar, como missão, aqui na Terra, permitiam que somente Espíritos sérios respondessem às suas questões, não permitindo que Espíritos brincalhões tomassem parte naqueles trabalhos, como ocorria nos salões, onde as pessoas estavam dispostas, apenas, a se divertirem. Também, muitas comunicações foram dadas através de mensagens psicofônicas, ou seja, através de médiuns que falavam sob total ou parcial controle desses Espíritos. E havia um Espírito organizador de todo esse trabalho e que era denominado de Espírito de Verdade. E foi assim que o professor Rivail, de posse de todas as respostas às perguntas, previamente selecionadas, fez o que chamamos de Codificação do Espiritismo, ou seja, através dessas perguntas e respostas, numa ordem por assuntos, publicou, em 18 de abril de 1.857, a primeira edição de *O Livro dos Espíritos,* adotando o pseudônimo de Allan Kardec, pois um Espírito denominado Zéfiro revelou-lhe que esse teria sido o seu nome em existência passada, na Gália, quando ele vivera como um sacerdote druida.

Alfredo sente um estremecimento ao ouvir essa palavra.

– Druida?!

– O que foi, Alfredo? – pergunta Iolanda.

– Não sei. Senti um frio percorrer-me a espinha, quando ouvi Antenor falar sobre sacerdote druida.

– Por quê?

– Não sei.

Alfredo, então, tomado por inexplicável impulso, olha para trás e vê Cláudio, em pé, nos fundos do Centro. Este está olhando para ele e lhe endereça um sorriso, cumprimentando-o com um menear de cabeça. Iolanda acompanha o olhar do marido e sente, também, um estremecimento.

– Aquele homem, lá atrás, em pé, é Cláudio?

– Sim.

Iolanda olha, novamente. Cláudio também sorri para ela e a cumprimenta.

– O que foi, querida? Você está pálida!

– Parece que o conheço de algum lugar.

– Você, também?

O SENHOR DAS TERRAS

– Por que pergunta?

– Quando o vi, pela primeira vez, senti algo muito estranho. Parecia conhecê-lo de algum lugar e uma onda de carinho e, ao mesmo tempo, de culpa, invadiu-me o ser.

– Impressionante! Também estou sentindo isso.

Nesse momento, Otávio pede aos dois que retornem a atenção à palestra.

– E esse livro, *O Livro dos Espíritos,* encontra-se dividido em quatro partes. A primeira, trata das Causas Primeiras, a segunda, do Mundo Espírita e dos Espíritos, a terceira, das Leis Morais e a quarta, das Esperanças e Consolações. Depois, em 1.861, escreveu *O Livro dos Médiuns,* que trata, evidentemente, da mediunidade, suas divisões e, principalmente, como devemos encará-la e desenvolvê-la, além de sua importância como meio de comunicação entre os dois planos e a caridade que podemos exercitar, através dela. Em 1.864, lançou *O Evangelho Segundo o Espiritismo,* onde trata, no primeiro capítulo, das três revelações, quais sejam, Moisés, Cristo e Espiritismo. Nos capítulos seguintes, fala sobre as passagens do Evangelho de Jesus, à luz da Doutrina Espírita. A seguir, em 1.865, publicou *O Céu e o Inferno,* onde escreve sobre esses dois extremos e apresenta, também, situações vividas por Espíritos após a morte do corpo físico. Em 1.868, saiu do prelo *A Gênese,* que aborda, como o próprio nome diz, a gênese da Terra e dos Seres. Nesse livro, podemos tomar conhecimento, também, a respeito dos milagres e das predições.

E muitos outros trabalhos realizou Allan Kardec, fundando, em janeiro de 1.858, um periódico denominado *Revista Espírita, Jornal de Estudos Psicológicos* e, em 1.859, o pequeno livro *O que é o Espiritismo*. Allan Kardec devotou-se tanto à divulgação do Espiritismo que, após a sua desencarnação, foi possível lançar o livro *Obras Póstumas*, com todo o material que havia deixado para publicação. E, todas essas obras são tão importantes para o entendimento desta nossa Doutrina que, além de consolar, reforma o Espírito, que não podemos deixar de aconselhar a todos que as leiam, com muita atenção e, principalmente, com muito carinho, porque veio diretamente dos planos mais elevados, através da mediunidade e abnegação de irmãos que, assim como Allan Kardec, não mediram esforços para colocarem-na ao nosso alcance.

Antenor faz ligeira pausa e continua.

– E assim, meus irmãos, terminamos, aqui, esta nossa preleção, convidando-os para, a seguir, tomarem um passe e estaremos aguardando-os, no próximo sábado, para uma nova reunião de estudos. Dona Paulina, agora, irá organizar uma ordem de chamada para que entrem, seis de cada vez, naquela pequena sala contígua, onde serão agraciados com uma renovação e um reequilíbrio de suas energias. E que Deus nos abençoe a todos.

Começa o trabalho de passe e, logo, os quatro são chamados a ocuparem cadeiras, dentro da sala ao lado. Uma lâmpada bem fraca ilumina o ambiente, tornando-o de uma penumbra bastante calmante e propícia para a concentração que os médiuns passistas necessitam, e que é facilitada por uma prece proferida, em voz alta, por uma das trabalhadoras do Centro. Iolanda, mais curiosa que os demais, cerra os olhos, parcialmente, a fim de poder enxergar o que está acontecendo ali e fica observando o trabalho de passe em Alfredo, que está um pouco à sua frente. O médium coloca-se por detrás dele e estende a mão sobre a sua cabeça, sem tocá-lo, permanecendo nessa posição, por alguns segundos. Em seguida, eleva a mão esquerda, também, e, juntamente com a direita, faz movimentos de cima para baixo, como se estivesse limpando-lhe as costas. Percebe que a médium que lhe está aplicando o passe, está fazendo os mesmos movimentos. Depois, a passista dirige-se para o lado esquerdo de seu corpo e coloca a mão esquerda, novamente, por sobre a sua cabeça e a direita, espalmada a poucos centímetros de seu tórax. Sente que uma grande paz e uma suave calma invade-lhe a alma e sente-se bastante tranqüila. Um copo d'água é, então, entregue a ela para que beba, saindo, em seguida, da sala e já estão para irem embora, quando encontram Cláudio, na saída, e ficam a conversar um pouco com ele.

– E, então, Alfredo, melhorou?

– Melhorei, sim. Como disse à dona Paulina, já não estou mais sentindo dores e minha voz já começou a melhorar. Está quase boa.

– Fico muito feliz.

– Ah, quero lhe apresentar minha esposa – diz Alfredo, quando Iolanda, que havia ficado para trás, conversando com uma senhora, ali chega.

– Muito prazer – responde Cláudio.

Iolanda, mais uma vez, sente estranho choque a lhe percorrer todo o corpo até alcançar a sua mente, anestesiando-a um pouco e chegando a sentir-se mal.

– O que você tem, meu bem? – pergunta-lhe, aflito, Alfredo.

Iolanda recupera-se, rapidamente.

– Estou bem, Alfredo. Não se preocupe. Foi só um mal-estar.

E dizendo isso, senta-se num dos bancos do jardim do Centro, o que foi imitada pelos três, mais o médium Cláudio.

– A senhora costuma sentir tonturas? – pergunta-lhe Cláudio.

– Dificilmente – responde Iolanda, com o coração batendo descompassadamente. – O que estará acontecendo comigo, meu Deus? – pensa. – Parece que conheço essa pessoa e não sei de onde.

– Gostaram da palestra de Antenor? – pergunta Cláudio.

– Gostei muito – responde Isabel. – Já li alguns livros espíritas, inclusive as obras de Allan Kardec, mas nada sabia sobre sua vida e, para mim, foi muito importante conhecê-la.

– Também gostei – complementa Alfredo –, apesar de pouco conhecer dessa doutrina. Preciso estudá-la.

– É muito importante, principalmente, em seu caso, estudar o Espiritismo para que possa compreender a interação entre os dois planos e a intervenção dos Espíritos em nossa vida terrena.

– Senhor Cláudio...

– Pode chamar-me apenas de Cláudio, Alfredo.

– Sim... Cláudio, como é a vida, após a morte?

– Bem, esse é um assunto que você deve estudar

através dos livros, porque, apesar de bastante simples, possui muitas peculiaridades que somente com o estudo podemos absorver e entender bem. Mas vou tentar lhe dar uma idéia sobre isso. A propósito, leia os livros do Espírito André Luiz, psicografados por Francisco Cândido Xavier, onde encontrará tudo o que foi possível ao Plano Maior nos revelar acerca da vida no verdadeiro plano da existência. Inicie com o primeiro da série, que é o romance *Nosso Lar*.

– Eu tenho esse livro – diz Isabel. – Se quiser, pode apanhá-lo em casa, hoje mesmo.

– Vou, sim – aceita, Alfredo, a oferta. – Mas você disse que ia me falar alguma coisa a respeito da vida depois da morte.

– A vida depois da morte do corpo físico, Alfredo, porque a morte não existe para o Espírito.

– Sim.

– Muito bem. Então, vamos começar tudo pelo começo: o Espírito é criado por Deus, simples e ignorante, com a missão de depurar-se na prática do Bem, para poder elevar-se até planos mais altos.

– Foi o que a Isabel nos explicou – diz Alfredo. – Inclusive, falou-nos a respeito da reencarnação, do esquecimento do passado, mas o que eu queria saber, ou melhor, ter uma idéia, é de como é o "lado de lá".

– Certo. Vou tentar explicar, de uma maneira bem simples, porque, como já disse, é um assunto para ser bastante estudado. Em primeiro lugar, você deve entender que a verdadeira vida é a espiritual e que este nosso mundo em que vivemos é apenas um plano com uma determinada vibração, diferente da dos outros planos da verdadeira vida.

– Mas como é essa vida espiritual? Ela pode ser tocada e sentida? Não sei se me entende...

– Entendo o que você quer saber. André Luiz nos ensina que tudo o que existe no Universo é formado pelo fluido cósmico, também chamado de fluido universal, que é o elemento primordial. Diz ele, no livro *Evolução em Dois Mundos,* que o fluido cósmico é o plasma divino, hausto do Criador ou força nervosa do Todo-Sábio e que nesse elemento vibram e vivem constelações e sóis, mundos e seres, como se fossem peixes no oceano.

– Fluido universal?

– Sim e que, na verdade, nada mais é do que energia.

– Isso quer dizer que tudo o que existe é energia?

– Isso mesmo. André Luiz nos ensina, também, que toda matéria, nada mais é do que energia tornada visível.

– Quer dizer que os átomos e, por conseguinte, seus elétrons, prótons e nêutros, são constituídos por esse fluido cósmico ou universal?

– Exatamente. E nós, espíritos encarnados na Terra, estamos localizados e vibrando na faixa vibratória deste planeta e vemos e podemos tocar somente os objetos, coisas e pessoas que, também, estejam nessa mesma faixa vibratória. Um Espírito desencarnado, por exemplo, vai ver e poder tocar outros objetos, outras coisas e outros espíritos que estiverem nessa sua outra faixa vibratória.

– Seriam dimensões diferentes?

– Você pode dar esse nome. E, mesmo no plano espiritual, existem diversas faixas vibratórias, de acordo com a evolução do Espírito que a habita. Quando um Espírito reencarna, ele, simplesmente, nasce neste nosso mundo vestindo um corpo mais denso que o seu perispírito.

– Perispírito?

– Sim. Perispírito é o que une o Espírito ao corpo e, assim como o corpo, é constituído pelo fluido universal, só que, como já vimos, em faixas vibratórias diferentes. Mas é apenas um outro corpo, tanto que é, também, denominado quando desencarnado, de corpo espiritual, mas, para facilitar, vamos continuar chamando-o de perispírito. Eu disse que é, apenas, um outro corpo, porque o intelecto é do Espírito. E esse perispírito varia, também, no que diz respeito à sua faixa vibratória, de acordo com o plano que habita, haja vista, a existência de vários planos no mundo espiritual. E, quando um Espírito desencarna, no momento da morte do corpo, ele continua a possuir esse perispírito a lhe envolver, geralmente mantendo a forma do corpo que possuía, ou, então, plasmado de maneira diferente, de acordo com a índole boa ou má do Espírito.

– E quando um Espírito reencarna?

– Há um processo todo especial e vocês poderão aprender quando lerem o livro *Missionários da Luz*, do Espírito André Luiz.

– E o "lado de lá"? – insiste Alfredo.

– Existe uma cidade chamada "Nosso Lar", não é? – pergunta Isabel.

– Sim. Essa cidade é a que André Luiz nos descreve no livro de mesmo nome, *"Nosso Lar"*, que indiquei para lerem, mas existem muitos outros locais, cujas estruturas organizacionais dependem da vibração mental e moral de seus habitantes. Existem, também, locais de socorro aos desencarnados. Estes são socorridos após a desencarnação e, depois de assistidos, tanto no campo da saúde de seu corpo espiritual ou perispírito, como no campo mental de seus pensamentos, idéias e sentimentos, são encaminhados para outras localizações, a fim de trabalharem no bem de seus semelhantes, tanto desencarnados, como encarnados. Ah, estava esquecendo-me. Vocês encontrarão no livro *Cidade no Além,* desenhos e planta baixa dessa cidade, denominada *"Nosso Lar"* e de algumas de suas edificações.

– E quem as desenhou?

– Foi uma médium, a senhora Heigorina Cunha que, guiada pelo Espírito Lúcius, durante o sono do corpo físico, visitou-a diversas vezes e, retornando, procurou desenhá-las, da maneira como se lembrava e, o mais importante, é que esses desenhos e plantas foram confirmados pelo médium Francisco Cândido Xavier que foi quem psicografou as obras do Espírito André Luiz.

– Dona Heigorina visitou essa cidade durante o sono? – pergunta Otávio.

– Sim, meu amigo. Durante o sono físico, nós, Espíritos que somos, libertamo-nos, temporariamente, de nosso corpo físico e entramos em contato com o mundo espiritual, onde podemos entrar em comunhão com boas e bem intencionadas entidades ou com más e mal intencionadas entidades, dependendo de nossa índole e intenções.

– E por que não nos lembramos?

– Porque, nesse momento, encontramo-nos parcialmente desligados do corpo, possuindo, apenas, um fio de luz que nos mantém presos a ele. Agora, muitas vezes, trazemos alguma lembrança dessa nossa viagem espiritual, através de idéias ou sonhos que nos surgem ou, mesmo, de cenas e lembranças um pouco confusas, mas que quase sempre norteiam os nossos passos para o bem ou, como já disse, para o mal. Por isso, é muito importante uma oração antes de dormirmos, solicitando o amparo dos Espíritos bons e amigos. Agora, existem casos de pessoas que se lembram, perfeitamente, do que viveram, em Espírito, durante o sono. É o caso de nossa médium Heigorina Cunha.

– Mas, nessa cidade, os Espíritos podem se tocar e existem casas com paredes, como aqui? – pergunta Alfredo, entusiasmado.

– Sim, meu amigo, na verdade, os Espíritos tocam-se e essa cidade é muito melhor e mais adiantada que as nossas, já que, como já disse, o nosso plano é uma cópia do "lado de lá". E vivem em família, como aqui, onde estudam, trabalham, possuem casas para morar, roupas, alimentos.

– Não acredito...

– Pois pode acreditar.

– Oh, desculpe-me, foi apenas uma maneira de expressar a minha estupefação.

– Não precisa ficar estupefato. Veja bem: a vida não termina com a morte, certo?

– Sim.

– Você deve concordar, também, que nós não temos condições de, assim que desencarnarmos, virarmos criaturas angelicais, correto? A morte do corpo físico não opera milagres e continuamos a ser o que sempre fomos e, enquanto não tivermos condições de galgar mundos superiores, não podemos ficar sem o nosso prato de comida e uma roupa a nos cobrir. Portanto, o trabalho é muito intenso nesse plano, existindo serviço para todos. Não se esqueça, meu irmão, de que a vida não dá saltos e precisamos ter muita paciência e abnegação nessa nossa caminhada evolutiva, e que os Amigos Espirituais estão nos auxiliando, sempre, em todos os lances desse nosso trajeto. Aliás, gostaria de falar-lhe alguma coisa, também, a respeito da prece. Os Espíritos Superiores nos ensinam que devemos ter a humildade de pedir auxílio quando realmente necessitados e, para isso, temos um canal de comunicação que se chama prece, cujo meio de irradiação se opera através do fluido universal, assim como, as ondas sonoras se propagam através do ar. Dizem-nos mais: a prece sincera sempre encontrará um coração amigo que virá em nosso socorro, o qual devemos saber detectar, pois o que pode nos parecer ruim, hoje, pela nossa estreita compreensão, sem dúvida alguma, significa o melhor para a nossa evolução espiritual. Com o tempo, Alfredo, muito irá aprender.

– Sim... Bem, nós vamos indo, que já é tarde – diz Alfredo, agradecendo e despedindo-se de Cláudio, seguido por Otávio e Iolanda. Isabel voltara ao Centro para se despedir de dona Paulina.

– Onde está Isabel? – pergunta Otávio, que não a vira afastar-se.

XII

– Não sei, senhor Oter. Não vi a Senhora Isidra, aqui, na estrebaria – responde o cavalariço, responsável pelo seu cavalo.

– Por que será que não veio me encontrar, como combinamos, ontem à noite? – pensa, preocupado, Oter.

Faz duas horas que o conselheiro perambula pela estrebaria, uma construção comprida que fica do lado oposto ao portão de entrada e que a este tem ligação, através de uma passagem que atravessa a largura toda do castelo, a fim de facilitar a entrada e a saída dos soldados e com altura suficiente para dar passagem às suas longas lanças.

– O cavalo dela está aqui? – pergunta, pois estranha idéia lhe passa pela mente.

– Deixe-me ver. Aguarde um pouco, senhor Oter, vou verificar – pede o cavalariço e caminha por toda a estrebaria, voltando após demorada busca.

– Não. Não se encontra aqui.

– Você tem certeza?

– Acabei de perguntar ao Rod, palafreneiro da Senhora.

– Chame-o aqui.

– Um momento.

Alguns minutos se passam e Rod chega até Oter, que percebe um certo nervosismo por parte do homem.

– Onde está o cavalo de sua Senhora?

Rod abaixa a cabeça, um tanto desorientado, porque dá para perceber que sua inteligência não é muito normal e está sem encontrar palavras para responder.

– Fale, homem! – ordena Oter, rispidamente.

– Não posso falar.

– Como não pode falar?! Estou lhe ordenando! Sou o conselheiro do Senhor Alfius! Responda-me ou será castigado!

– Não posso falar – insiste, já bastante assustado.

– Mas que insolência! Por que não pode falar?!

– O Senhor Alfius proibiu-me de falar sobre esse cavalo.

– Meu Deus! – pensa Oter. – O que terá acontecido? Será que Alfius descobriu tudo? Não é possível. Isidra não se deixaria apanhar. Tinha, até, uma boa desculpa.

– Posso ir?

– Um momento! Se o Senhor Alfius o proibiu de falar a respeito do cavalo, tudo bem. Não precisa falar.

Mas você pode, pelo menos, me dizer se a Senhora Isidra chegou ao castelo, ontem à noite, junto com Alfius. Afinal de contas, você tinha de estar a postos para quando ela chegasse.

Rod coça a cabeça.

— Isso eu posso falar? – pergunta, pateticamente.

— Certamente que pode falar. Você não pode falar sobre o cavalo. Sobre qualquer outra coisa, você pode. E eu lhe ordeno que me responda o que lhe perguntei.

— Está bem... se eu posso falar... a Senhora Isidra chegou montada na garupa de um dos soldados.

— Alfius estava junto?

— Estava.

— E o cavalo não veio junto?

— Isso eu não posso falar.

— Está bem. Responda-me uma outra coisa...

Oter é interrompido pela entrada de um soldado, montando o cavalo de Isidra. O homem apeia e entrega o animal para Rod.

— Tome conta dele, Rod. E dê-lhe água e comida.

— Ei, você!

O soldado volta-se para Oter.

— Onde estava esse cavalo?

— Perto do rio. O Senhor Alfius pediu-me para ir buscá-lo.

— Ele não lhe disse por que deixou o cavalo lá?

– Não sei direito. Parece-me que o esqueceram lá.

Oter fica pensativo e acaba chegando à única conclusão plausiva: – Alfius a fez prisioneira. Somente por esse motivo, a traria na garupa do soldado. Até esqueceram o animal lá!

– Só isso, senhor?

– Mais uma coisa: você, por acaso, estava ontem com a guarda de Alfius?

– Não, senhor.

– Está bem. Pode ir.

Oter sente um peso no estômago e um grande amargo na boca.

– O que posso fazer para descobrir o que aconteceu? – pensa. – Preciso saber, mas será necessário muito cuidado. Se Alfius descobrir que estou metido nisso, ele não terá contemplação comigo. Tenho de agir com muita cautela e como se nada tivesse acontecido, como se de nada soubesse.

E, pensando assim, Oter dirige-se para o castelo, mais precisamente para o salão onde Alfius costuma ficar. Passa lentamente pelos guardas e entra, procurando demonstrar toda a naturalidade possível.

– Bom dia, Senhor – cumprimenta.

– Oter! Pensei que não fosse mais o meu conselheiro. Por onde andou?

– Desculpe o atraso, meu Senhor, mas me distraí com algumas jovens, no pátio.

– Não sabia que era dado a essas coisas, Oter. Se quiser, posso arranjar belas mulheres para você.

O SENHOR DAS TERRAS

– Não, não, eu agradeço.

– A propósito, você viu Isidra por aí? – pergunta Alfius.

Oter sente o sangue gelar nas veias, ao perceber uma certa ironia na pergunta, mas procura manter a calma.

– Não, Alfius, não a vi. Por quê?

– É que, ontem à noite, ela resolveu dar uma volta a cavalo, pelas vizinhanças do castelo, pelo menos foi o que disse e, desde então, não a vi mais. Quando me levantei, ela não estava no quarto e percebi que não havia dormido comigo.

Oter sente vontade de pular em sua garganta, pois sabe que está mentindo. Em primeiro lugar, porque sabe que Isidra não disse a Alfius que ia dar um passeio em volta do castelo; em segundo lugar, porque de acordo com o que lhe falou Rod, o cavalariço, ela voltou ao castelo, juntamente com Alfius e na garupa de um soldado. Nenhum Senhor de Terras colocaria sua própria esposa na garupa do cavalo de um soldado.

– Algo muito estranho está acontecendo por aqui – pensa. – Onde estará Isidra? Será que ele teve a coragem de trancafiá-la no calabouço? E o que será que ela conversou com Clauter? Preciso falar com o curandeiro.

– O que foi, Oter? Parece que viu um fantasma!

– Nada, não, Senhor.

– Está bem, Oter. Se quiser, poderá ir. Hoje não estou muito disposto a aturá-lo. Vá dar uma volta.

O que o conselheiro não sabe é que Alfius está,

propositalmente, dando-lhe liberdade para que ele procure Clauter, cujos passos estão sendo vigiados, de perto, por vários soldados de sua extrema confiança que, na madrugada, dirigiram-se, sorrateiramente, até o outro lado do rio e lá estão escondidos, a fim de espionarem toda conversação que o curandeiro venha a ter com qualquer um que o procure.

– Pois não, meu Senhor.

Nesse momento, antes de Oter sair, chega um soldado e anuncia que um mensageiro está se aproximando do castelo.

– Traga-o a mim, imediatamente. Quanto a você, Oter, permaneça aqui. Quero que ouça o que ele tem a relatar-me.

– Um mensageiro?

– Sim. Enviei-o, há poucos dias, até a fronteira oeste, pois ouvi dizer que uma legião de inimigos está se aproximando de nossas terras.

– Sabe quem são?

– Deve ser o exército de Luriel. Há muito tempo estão se preparando para invadir nossa fortaleza.

– São muitos?

– Ainda não sei, mas...

Antes que termine a frase, a pesada porta se abre, dando passagem a um franzino soldado.

– Meu Senhor, eles estão vindo.

– Quem?

– Os homens de Luriel.

– São muitos?

– São em maior número que nós.

– Maldição! Soldado! Soldado!

– Sim, meu Senhor – responde o homem que tem a função de ficar à porta daquele salão.

– Chame o Chefe da Guarda, imediatamente.

– Sim, meu Senhor.

– O que acha, Oter? Esperamos que cheguem ao castelo ou devemos enfrentá-los lá fora?

– Não sei, Alfius. Precisaria vê-los.

– Você não sabe nada! Se eu estivesse de posse do segredo da Muscária, saberia o futuro desse combate. Aí, então, eu o modificaria. Maldito Clauter!

– Modificaria o futuro?

– Por que o espanto, Oter?

– Bem, Senhor, se conhecêssemos o futuro e pudéssemos modificá-lo, ele não seria mais o futuro.

– Deixe de tolices, Oter. Se conhecermos o futuro que está reservado a nós, poderemos modificá-lo à nossa vontade. Por que não?

– Não consigo entender isso, Senhor.

– Você tinha a obrigação de conhecer tudo sobre esse assunto e sobre muitos outros. Afinal de contas, você é meu conselheiro.

– Mas conhecer o futuro, Senhor?!

– O que tem conhecer o futuro?

– Penso que isso não existe.

– É lógico que existe e aquele maldito curandeiro não quer me ensinar o segredo!

– Quantos dias eles estão de distância?

O mensageiro pensa um pouco e informa:

– Acredito que, daqui a três dias, estarão chegando ao castelo.

– Três dias?!

– Foi o que calculei.

– Estão perto demais.

– Mandou chamar-me, Senhor? – pergunta o Chefe da Guarda.

– Sim. Sente-se aí.

– Sim, meu Senhor.

– Estamos numa situação muito delicada, prestes a ser atacados daqui a três dias. Quero que prepare seus homens e todos os meios de defesa que tiver ao seu alcance.

– Sim, meu Senhor.

– A propósito, você viu Iole, aquela mulher de Clauter, entrar no castelo?

– Iole... ? Não... Deixe-me ver... Oh, sim. Ela entrou agora, há pouco, pelo portão principal. Eu a vi.

– E onde poderá estar, agora?

– Não sei, meu senhor.

– Então prepare uma patrulha e vasculhe todo o

castelo e, assim que a encontrarem, tragam-na aqui. Sem machucá-là e com muito respeito, entendeu?

– Sim, meu Senhor.

– Agora, vá e mantenha-me informado.

– Sim, meu Senhor.

– Será que Iole está lhe trazendo o Colar?

– Espero que sim, porque seria um desperdício ter de castigar mulher tão atraente.

– Castigar?!

– O que está acontecendo com você, Oter? Parece que está ficando com o coração mole. É lógico que terei de castigá-la. Não lhe pedi que me trouxesse o Colar, hoje?

– Meu Senhor pediu, simplesmente.

– Meus pedidos são ordens! Aprenda isso, Oter!

– E o que poderá fazer com o Colar?

– Vou negociá-lo com Clauter. O segredo da Muscária a troco do Colar Sagrado. Você não acha que o Colar tem muito mais valor para ele?

– Não vai deixá-lo fugir? Foi o que prometeu a Iole.

– Deixá-lo fugir? Você está ficando louco!

– Mas o Senhor deu a sua palavra! – explode Oter, visivelmente alterado.

– Abaixe sua voz, Oter, ou mando cortar-lhe a língua e, por Deus, sabe que sou capaz disso.

– Perdoe-me, Senhor – pede o conselheiro, percebendo que cometera um grande erro, ao enfrentá-lo.

– Assim que Iole entregar-me o Colar, mandarei prender Clauter e sei, muito bem, como convencê-lo a negociar comigo.

– Meu Senhor dará o Colar em troca do segredo?

Alfius explode uma longa gargalhada.

– Você deve ter enlouquecido, Oter! Acho que vou ter de trocar o seu cargo de conselheiro pelo de bufão. Perdeu a inteligência?! É lógico que não vou devolver o Colar. Quero usá-lo quando sair vitorioso sobre Luriel e eu mesmo farei questão de degolar esse curandeiro na frente de todos.

Oter tenta engolir, mas não consegue. Sua garganta está seca demais, o que Alfius percebe e o diverte.

– Tome um pouco de cerveja, Oter, e molhe a sua garganta. Aproveite enquanto a tem intacta.

O conselheiro apanha uma caneca e a enche num tonel, próximo a uma das janelas do salão e, aproveitando para dar uma olhada por ela, vê quando três soldados acompanham Iole até a entrada do castelo. Iole traz, consigo, um pequeno embrulho nas mãos. – Será o Colar? – pensa, assustado – O que irá acontecer? Onde estaria Isidra?

– Enche uma para mim também – ordena Alfius – acabei ficando com sede, com tanta conversa.

Oter obedece e fica aguardando a chegada de Iole, sem nada dizer a Alfius. Mais alguns minutos se passam e a mulher é introduzida no salão. Alfius levanta-se, num só impulso, como se tivesse sido lançado por poderosa mola e, colocando as mãos sobre seus ombros, encaminha Iole, fazendo-a sentar-se à sua frente.

– Bela mulher – começa a falar e Oter pode perceber um brilho diferente nos olhos dele. Um brilho de luxúria e cobiça –, você não pode imaginar a felicidade que sinto com a sua presença.

– Meu Senhor...

Os olhos de Iole parecem refletir o mesmo pensamento de Alfius.

– E, então? Trouxe o Colar?

– Trouxe, meu Senhor – responde, depositando um pacote de pele de javali em suas mãos.

Alfius, impacientemente, abre o embrulho e coloca-o aberto sobre a mesa, sem conseguir conter um grito de triunfo e de admiração. Realmente, o Colar é deslumbrante. Todo de ouro maciço, tem o formato circular, ligeiramente ovalado, constituindo-se de uma haste cilíndrica de cerca de um centímetro de espessura, possuindo uma abertura de uns três centímetros, para que, torcendo-o um pouco, ele se encaixe no pescoço. Em cada extremidade há uma escultura zoomorfa e, no extremo oposto a essa abertura, três carreiras decrescentes de meias argolas, a começar por quatro dessas peças.

– Não quero tocá-lo, agora – diz Alfius. – Vou colocá-lo em meu pescoço quando vencer Luriel.

Oter percebe, em Alfius, um certo temor em tocar no objeto e fica a pensar se, ele mesmo, teria coragem de pôr as mãos naquela peça, considerada sagrada pelos druidas.

– E agora, meu Senhor – pergunta Iole. – Clauter poderá ir embora, em paz?

– Dei a minha palavra e vou mantê-la, minha querida – mente, descaradamente. – A não ser que Clauter tenha a infeliz idéia de vir tentar restituir o Colar. Aí, então, serei obrigado a prendê-lo, mas lhe prometo que não tocarei num só fio de seu cabelo.

Iole fica apreensiva e Alfius tenta encorajá-la.

– Não se preocupe, linda mulher. Tenho certeza de que ele não virá aqui.

– Pobre Clauter.

– Não se sinta culpada por nada, Iole. Você fez o que de mais prudente, poderia fazer. Como já lhe disse, arrependi-me das ordens que dei a ele, mas quem não erra, uma vez na vida, não é? O que posso fazer, a não ser preservar a vida do curandeiro?

– Tem razão – concorda, ingenuamente.

– Acredito que veio para ficar – diz Alfius, esfregando-do as mãos de contentamento.

– Sim. Minhas poucas coisas estão lá embaixo.

– Aqui, não terá necessidade de seus pertences. Terá roupas finíssimas e tudo o que desejar, mas, se quiser, mandarei alguém buscá-las para você.

– Gostaria muito.

– Soldado! Apanhe os pertences de Iole e leve-os ao último quarto da ala direita do castelo, que é onde ela passará a habitar, daqui para a frente. E transmita ao Chefe da Guarda que quero uma escolta especial para Iole, toda vez que quiser dar um passeio pelos arredores do castelo. Mande-me aqui, também, a chefe das camareiras, imediatamente.

– Sim, meu Senhor.

Alfius abre, novamente, o embrulho e o ouro brilha, alimentando, ainda mais, seus desejos de poder e de conquista. Fica por alguns minutos olhando fixamente para o Colar, enrolando-o, novamente, com a pele, quando a camareira entra no salão e faz uma reverência.

– Mandou-me chamar, Senhor?

– Sim. Quero que acompanhe esta mulher até o último quarto da ala direita, que é onde ela passará a habitar, a partir de hoje. Dê-lhe as melhores roupas, os melhores óleos aromáticos e quero que lhe sirva algo para comer e beber. Minha querida – diz, dirigindo-se a Iole –, quero que sinta o prazer de tudo, aqui. E, não se esqueça, seus desejos serão ordens para todos os criados deste castelo.

– Sou-lhe muito grata, meu Senhor.

– Pode ir, então. À noite eu a procurarei para conversarmos melhor. Irei até o seu quarto.

Iole abaixa a cabeça e sai, acompanhando a camareira.

Oter, por sua vez, fica mais apreensivo, ainda, com a sorte de Isidra e resolve tocar no assunto.

– Alfius, meu Senhor, não seria de bom alvitre pedir para procurarem Isidra?

– Não se preocupe, Oter. Já dei essa ordem.

– Bem, se não precisa mais de mim, vou sair.

– Um momento, Oter. Soldado!

– Sim.

– Preciso falar com o Chefe da Guarda.

– Estou aqui – responde uma voz do lado de fora da porta e, imediatamente, o homem entra.

– Dê o sinal para os soldados que estão do outro lado do rio. Prendam Clauter e tragam-no aqui, mas disfarçadamente. Embrulhem-no, antes. Não quero que ninguém saiba que estamos prendendo-o.

Oter não se contém, novamente.

– Você vai prendê-lo?! Disse-me, agora há pouco, que iria negociar com ele! Por que prendê-lo?

– Vou negociar, sim, mas no calabouço. E se ele não concordar em me revelar o segredo da Muscária, terei outros meios de convencê-lo. E tenho uma grande surpresa, também, para você, Oter. Seu traidor! Soldados!Prendam este homem!

Três homens entram no salão e imobilizam Oter.

– Levem-no para o calabouço! Depois, conversaremos.

– Você é um louco, Alfius!!! – explode o conselheiro.

– O quê?! Como ousa falar-me, assim?! Ingrato! Traidor! Vai pagar caro sua traição, assim como Isidra, outra traid...

Alfius chega a perder a fala, de tanto ódio expelido e tamanha sua ira por ter sido traído pela esposa e pelo conselheiro.

XIII

– O que você tem, Alfredo?! – pergunta Iolanda, assustada, ao ver o marido de olhos arregalados e bastante pálido, em pé, à porta da cozinha, tentando falar alguma coisa, sem conseguir. – O que aconteceu?! Sente-se aqui – pede, ajudando-o a caminhar até uma cadeira. – O que foi? Fale! Carlinhos, Carlinhos, corra aqui! – grita, pedindo socorro ao filho, naquela manhã de segunda-feira.

– Por que está gritando, mamãe? – pergunta o filho, ao chegar correndo à cozinha, com Camila atrás de si.

– É seu pai! Veja! Está pálido, não fala; olhe a sua expressão!

– Pai! Pai! Fale com a gente! – roga a filha, já em desespero.

– Chame um médico, mãe! – pede Carlinhos.

Alfredo, então, parece acordar do estado de choque em que se encontra e balbucia:

– Iolanda...

– Fale, meu bem. O que aconteceu?

– Iolanda... aquela mulher...!

– Quem?

– Aquela mulher...!

– Que mulher?

– Ela apareceu... em nosso quarto... eu estava deitado... por que deixou ela entrar?

– Meu Deus! Papai está delirando! – choraminga Camila.

– Tenham calma. Deixem-me conversar com ele – pede Carlinhos, acocorando-se à frente de Alfredo. – Papai, sou eu, Carlinhos. Vamos conversar com calma. Mamãe, prepare um copo d'água com bastante açúcar. Talvez isso o ajude.

– Boa idéia – concorda Iolanda, preparando a água e fazendo o marido beber o que, realmente, parece fazer algum efeito, pois ele desperta um pouco mais.

– O que aconteceu, papai? Que mulher é essa de que está falando?

Alfredo, agora, mais lúcido, começa a chorar.

– Uma mulher – diz – vestida de uma maneira tão estranha... Ela falou comigo...

– E o que foi que ela disse?

– Disse que se chamava Viny e que... oh... foi horrível!

– O que ela disse, papai?

– Ela tinha o rosto todo deformado, parecendo queimaduras, e trazia uma criança morta nos braços. Meu Deus!

– Aqui, pela porta da cozinha, ninguém entrou. Camila, por favor, verifique se a porta da rua está trancada.

Camila vai até a sala e volta.

– Está trancada, mamãe, inclusive, por dentro, com o ferrolho.

– Você não abriu a porta, agora cedo, Carlinhos?

– Não, mamãe, estava deitado em meu quarto quando a senhora me chamou.

– Ela falou que está me esperando para se vingar...

– Vingar-se?! – pergunta Iolanda. – Mas, afinal, quem é essa mulher, Alfredo? Ninguém entrou nesta casa.

– Eu não sei... era muito feia, toda deformada... e aquela criança morta em seu colo...

– Mas como você sabe que a criança estava morta?

– Eu sei que estava morta!

– Acalme-se, meu bem. Você anda muito tenso e deve ter sonhado.

– Não. Não foi um sonho. Tenho certeza. Eu estava acordado. Será que eu vi algum Espírito?

– Espírito? – pergunta Carlinhos. – Que Espírito, pai? Você nunca acreditou nessas coisas.

– Mas, agora, eu acredito.

– Acredita?!

Alfredo olha para Iolanda, como que a desculpar-se por ter tocado naquele assunto. Na verdade, ainda não haviam contado aos filhos sobre o problema de saúde dele e nem que estavam indo ao Centro Espírita de Cláudio. Iolanda procura, então, dar uma explicação:

– Oh, sim. Ainda não comentamos nada com vocês, mas nós resolvemos estudar a Doutrina Espírita e já fomos numa palestra, num Centro Espírita da cidade.

– Vocês estudando Espiritismo?! Não acredito – diz Carlinhos, visivelmente abismado.

– Por que o espanto? – interfere Camila. – Acho, até, muito bom o papai e a mamãe procurarem uma religião. Acho muito bom e, se querem saber, eu, também, estou um pouco interessada no Espiritismo. O Eduardo tem-me falado muito a respeito e percebo muitas verdades nessa Doutrina. Inclusive, estou lendo um livro que ele me emprestou.

– Tudo bem – esclarece o irmão –, tudo bem. Acho muito bom isso, mas é que... nunca imaginei... Mas será que, somente porque papai começou a estudar essa religião, já está vendo Espíritos?

– Não sei, meu filho – responde Alfredo, agora, um pouco mais calmo. – Talvez eu tenha algum tipo de mediunidade que tenha desabrochado agora, quando comecei a me interessar...

– Tudo bem – diz Iolanda, tentando encerrar aque-

O SENHOR DAS TERRAS

le assunto, pelo menos, na frente dos filhos. – Você está melhor, agora, Alfredo?

Alfredo concorda, também na tentativa de acalmá-los, apesar de continuar assustado com o que viu.

– Estou bem melhor. Desculpem-me o susto que lhes dei. Pode ser, mesmo, que eu tenha sonhado.

– E quando vocês pretendem voltar ao Centro Espírita?

– Não sabemos, ainda – responde Iolanda, pois não pretende que a filha os acompanhe no trabalho de apoio aos doentes. Não quer, ainda, contar nada a eles, pois tem muita esperança de que o marido seja curado.

– Quando vocês forem, também quero ir.

– Certo, Camila. Mas escutem, vocês não estão atrasados?

– É mesmo! – assusta-se Carlinhos. – Camila, vá trocar-se, enquanto preparo o carro.

Carlinhos tem de levar a namorada até a Faculdade, antes de entrar no serviço, e Camila também tem aula. Alfredo, nesse dia, combinou ir mais tarde. Mais alguns minutos e os jovens despedem-se dos pais.

– Até a noite, mamãe.

– Um bom dia para os dois e tenha cuidado com o trânsito, meu filho. Ah, ia me esquecendo: deixarei comida na geladeira, porque, talvez, não estejamos aqui, quando voltarem. Estamos pretendendo visitar uma pessoa, à noite.

– Tchau, então – despedem-se.

Quando Alfredo e Iolanda ficam a sós, o assunto, inevitavelmente, volta à baila.

– Tenho certeza de ter visto a mulher com a criança, Iolanda. O que será que ela quis dizer com aquelas palavras? Havia tanto ódio em seu olhar...! E ela disse estar me esperando para a vingança. Esperando onde, Iolanda? Depois de minha morte?!

Alfredo, que procurara se controlar, até aquele momento, começa a soluçar.

– Tenha calma, querido. Por favor. Olha, o que você acha de conversarmos com Isabel?

– Gostaria de conversar com Cláudio.

– Hoje?

– Hoje, mesmo.

– Será que o encontraremos no Centro?

– Ligue para ele, Iolanda. O telefone dele está anotado na agenda. Por favor.

– Está bem – concorda a esposa, dirigindo-se para a sala de estar e voltando após alguns minutos.

– Falei com Cláudio. Ele vai nos esperar, a partir das dezesseis horas.

– Iremos só nós dois, ou pediremos a Otávio e Isabel para nos acompanharem?

– Telefonarei, depois, para Isabel.

Alfredo permanece na cozinha, enquanto Iolanda prepara um ligeiro almoço para os dois.

– Não vai tirar o pijama, Alfredo? Coloque aquela calça marrom que comprei para você. Ela é mais quente. Não sabemos quanto tempo iremos nos demorar e pode fazer frio.

– Iolanda, preciso lhe confessar que estou com um pouco de medo de ir até o quarto, sozinho.

A esposa olha para o marido, com uma expressão de muita ternura e, ao mesmo tempo, de compaixão. Afinal de contas, pensa ela, por que situação ele está passando!

– Venha, Alfredo. Iremos juntos. Mas não se preocupe, isso não vai acontecer mais.

– Tomara que você tenha razão – responde Alfredo, levantando-se calmamente e seguindo a esposa até o quarto. – Ela estava bem aqui – explica, mostrando um local, perto do armário –, e eu estava deitado na cama. Bem acordado.

– Que tipo de roupa ela usava?

– Um tipo de vestido, de cor bege, muito velho, rasgado, parecendo ter sido confeccionado com um linho muito grosseiro. Seus cabelos estavam desgrenhados e a criança... parecia de cera, tão branca e macilenta estava, sem nenhuma roupa, e um fio de sangue escorria de sua cabecinha e pingava aqui, neste lugar.

– Não há mancha alguma, aqui, Alfredo.

– Eu sei. Na hora, pensei tratar-se de algum pedinte que entrara em meu quarto, mas quando ela me falou... não quero me lembrar disso.

– Tudo bem, Alfredo. Mudemos de assunto. Tenho certeza de que Cláudio terá uma resposta para isso.

– Assim espero.

✳ ✳ ✳

Já são quase dezoito horas quando Alfredo, Iolanda e Isabel chegam ao Centro Espírita. Como sempre, dona Paulina os atende com muita atenção e os faz entrar.

– Cláudio já virá. Ele está atendendo uma pessoa, lá na sala de passes.

– Ele é muito ocupado, não? – pergunta Iolanda.

– Sim, ele atende quase o dia todo.

– Desculpe-me a curiosidade – diz Alfredo –, mas do que Cláudio tira o seu sustento, quero dizer, ele tem uma fonte de renda?

Dona Paulina sorri e responde:

– Tem, sim. Pequena, mas tem. Até o ano retrasado, ele dividia o seu tempo com o trabalho do Centro e o de funcionário de uma loja especializada em produtos naturais. Na verdade, ele entendia mais que o proprietário. Vocês precisam ver. Ele conhece quase todos os tipos de plantas medicinais.

– Ele deu-me uma garrafa de um chá.

– Sim.

– Dona Paulina – interrompe Isabel –, é esse chá, que ele deu para o Alfredo, que o está curando?

A senhora sorri, novamente, e responde:

O SENHOR DAS TERRAS

– Bem... na verdade, quem promove as curas são os Espíritos Superiores que o auxiliam, mediunicamente, e a fluidificação desses chás ou simplesmente de um copo com água, mas Cláudio prefere usar o chá, porque possui, também, algumas propriedades medicinais, que ele conhece, e que, certamente, ajudarão na cura.

– Entendo...

– Mas como estava dizendo, Cláudio trabalhou nessa loja até o ano retrasado, quando aposentou-se e, hoje, vive, exclusivamente, dessa aposentadoria.

– Mas, não é pouco?

– Cláudio diz que dá para viver e que não quer mais nada da vida, a não ser ter condições de manter o seu corpo saudável, enquanto tiver essa missão, aqui na Terra, e continuar a praticar esse trabalho de apoio aos necessitados.

– Como é que ele consegue fazer essas curas, dona Paulina? – pergunta Alfredo, entusiasmado. – Acho que ele está conseguindo me curar, porque não sinto mais dor alguma e minha voz voltou ao normal.

– O senhor já voltou a fazer algum exame com seu médico?

– Ainda não, mas pretendo fazê-lo.

– Bem... tentarei dar alguma noção de como isso ocorre. Cláudio já lhe falou alguma coisa sobre a constituição de nosso corpo, de nosso perispírito?

– Sim. Sábado conversamos, bastante, a respeito.

– Pois bem. Então, como o senhor já sabe, tudo o

que existe no Universo é constituído pelo fluido universal, inclusive o nosso perispírito.

– Sim.

– Acontece que, tanto o nosso corpo material quanto o nosso perispírito, que é o elemento de ligação entre nós, Espíritos, e o nosso corpo, sendo de natureza eletromagnética, possui, cada qual, um campo magnético que ultrapassa as fronteiras de nossa matéria, como uma irradiação, que é denominada de Aura. Não sei se o senhor já ouviu falar ou, mesmo, já viu, algumas fotos tiradas com uma câmera, denominada câmera Kirlian?

– Já vi essas fotos em uma revista.

– Eu também – afirmam Iolanda e Isabel.

– Pois bem, essa nossa Aura, através de suas cores e de suas vibrações, equilibradas ou não, reflete o nosso estado, não só emocional, quanto o nosso estado físico, e essas exteriorizações podem, inclusive, serem notadas, também, por alguns médiuns videntes que possuem essa qualidade mediúnica. Mas para que serve essa nossa Aura? Quando equilibrada, ela se transforma num verdadeiro escudo que nos protege das irradiações inferiores, como os sentimentos nocivos de inveja, ciúme, vingança, ódio, que estão ao nosso redor, em forma de ondas mentais, prontos a penetrar nosso campo vibratorial, se sintonizarmos com elas.

– É por isso que devemos ter, sempre, bons pensamentos, não é? – pergunta Isabel.

– Isso mesmo. E essa Aura nos defende, também, da influência de Espíritos inferiores que, estando ao nosso derredor, podem, inconscientemente, ou propositalmente, nos prejudicar, com suas vibrações negativas e enfermiças, causando-nos grandes males, sejam de ordem mental ou material.

– Por que esses Espíritos estão ao nosso lado, com intenção de nos prejudicar?

– É muito simples, Alfredo. Acredito que Cláudio tenha-lhe falado dos planos espirituais.

– Sim.

– Acontece que, quando um Espírito desencarna, ele não abandona os seus hábitos, seus desejos, suas virtudes, suas fraquezas e vícios. Então, ele passa a habitar, no "lado de lá", planos inferiores, juntamente com Espíritos que lhes são afins, pois, assim, como existem planos superiores, existem, também, planos inferiores. Pois bem, muitos desses infelizes Espíritos que, quando reencarnados, somente se preocuparam consigo mesmos e nunca se importaram com o bem do próximo, chegando, mesmo, a cometerem verdadeiras atrocidades em nome de sua própria cobiça, acabam sendo presas fáceis nas mãos de outras entidades malignas e inimigas do Bem, e que as fazem "trabalhar"como escravos, em missões obsessivas aos encarnados.

– Mas, por que isso? O que essas entidades malignas ganham com isso?

– Como lhe disse, a simples mudança de plano não altera a condição moral do Espírito e, então, os mais fortes na maldade e na ascendência mental acabam governando os mais fracos e, é evidente que entra em jogo muita troca de favores, com a finalidade única da satisfação de desejos insanos. Para você ter uma vaga idéia do que estou querendo lhe demonstrar, poderá basear-se no que ocorre nas penitenciárias, onde sempre existem, entre os detentos, os chefes de verdadeiras quadrilhas internas, escravizando os mais fracos.

– Estou entendendo.

– Além do mais, esse poder inebriante dos detentores desses comandos das trevas chega até nós, porque somos altamente influenciáveis, mentalmente, pelo plano espiritual, seja ele superior e do bem, seja ele inferior e do mal, dependendo de nossos pensamentos.

– Certo.

– Também, o que mais comumente acontece, são as obsessões praticadas por Espíritos com os quais já convivemos no passado e que, por algum motivo, sentem verdadeiro ódio por nós e querem vingar-se, a todo custo.

Alfredo olha para Iolanda e comenta com dona Paulina.

– É sobre isso que pedi para falar com Cláudio.

– Mas deixe-me terminar a explicação.

– Pois não.

– Outros Espíritos, na maioria das vezes, porque viveram muito apegados às coisas materiais, quando desencarnam, nem chegam a perceber que isso ocorreu e vivem como se estivessem sonhando com o que lhes está acontecendo, num estado, assim, de verdadeiro torpor, e continuam ligados ao nosso plano, perambulando ao lado de pessoas e coisas que lhes são afins e chegam a sofrer muito com isso porque não conseguem encontrar um caminho a seguir. Muitas vezes, também, ficam passando por momentos horríveis, dependendo do tipo de desencarnação que sofreram, geralmente ligadas ao suicídio ou provocada por atos menos dignos da parte deles, apesar de que, todos, um dia, serão auxiliados por entidades amigas e benfeitoras. Porém, tudo isso, girando ao nosso redor, pode nos prejudicar muito, se não nos mantivermos numa boa vibração, conquistada através dos bons pensamentos, das boas ações e da oração.

– E o passe...

– Sim. O passe tem, então, a finalidade de reequilibrar a nossa Aura. Mas, por que a necessidade do passe? Porque muitas pessoas, por diversas causas, tais como desgaste físico, desgaste mental, doenças, obsessão de Espíritos, passam a ter deficiências em suas energias e é, então, que uma outra, com a sublime e benéfica intenção de auxiliá-la, pode doar, de si, parte de sua energia, a fim de suprir essas deficiências.

– E como é que lhe retorna essa energia que está doando? – pergunta Iolanda, bastante interessada na explicação.

– Essa energia cósmica lhe retorna, naturalmente, à medida que opera a doação, já que ela existe por toda a parte, e basta a intenção de se fazer o bem para que isso ocorra. Agora, essa energia que o magnetizador comum doa é uma energia que poderíamos denominar de energia mais simples, porque ela provém do magnetizador somente. Geralmente, quando o magnetizador doa essa sua energia com o intuito único e exclusivo de fazer o bem ao seu semelhante, vem, ao seu encontro, o auxílio de Espíritos benfeitores que somam, às energias animalizadas do médium, as suas energias espirituais. Esse médium é denominado de médium curador porque pode aliviar o paciente de diversos males.

– E no caso de Cláudio? – pergunta Alfredo.

– Cláudio é um caso de incorporação, ou seja, o Espírito que o assiste trabalha incorporado ao médium. Nesses casos, é evidente que o resultado é mais efetivo, porque há uma maior liberdade de o Espírito efetuar o seu trabalho.

– E como age essa transmissão de energia para curar, por exemplo, um órgão doente?

– Como você já sabe, o corpo material é uma cópia exata do perispírito que liga o Espírito ao corpo, certo?

– Sim.

– Pois bem. O passe atua no perispírito e, por consequência, no corpo físico, através de centros de força do perispírito e que muitas religiões espiritualistas conhecem pelo nome de chacras.

– Já ouvi falar – comenta Alfredo.

– Eles se localizam no perispírito e têm a forma de um cone, com a parte mais estreita para dentro e giram, permanentemente, como se fossem redemoinhos, captando e expulsando energia. Cada um desses centros de força está, intimamente, ligado a determinado órgão de nosso corpo e, portanto, o passe consegue alcançá-lo e fortalecê-lo. Agora, no caso de curas, como as que a Espiritualidade efetua através de médiuns como Cláudio, não podemos nos esquecer de que, sendo nosso corpo uma cópia do perispírito, essa cura se processa, primeiramente, nesse perispírito como, por exemplo, num órgão perispiritual atingido, refletindo-se, evidentemente, no corpo, que lhe é cópia. Uma outra finalidade do passe magnético é a de corrigir pontos frágeis em nossa Aura, que geralmente estão ligados a determinados órgãos do perispírito e, conseqüentemente, do corpo. Através dessas falhas, os Espíritos malfazejos podem causar muito mal ao nosso organismo.

– E quanto às doenças, em si? Elas são, sempre, conseqüências de nossos atos do passado?

– Nem sempre, Alfredo. Muitas doenças adquirimos na presente encarnação. Outras tantas, são oriundas de falhas de nossa conduta, quer através de vícios nocivos, quer através de sentimentos menos nobres como a cobiça, o ciúme, a inveja, o egoísmo, a vaidade que, agindo sobre a nossa mente, refletem-se em nosso organismo perispiritual, criando doenças psicossomáticas a se refletirem em nosso corpo material.

Nesse momento, chega Otávio.

– Você por aqui? – pergunta-lhe Alfredo, contente com a presença do amigo.

– Boa noite, dona Paulina.

– Boa noite, meu filho.

Otávio cumprimenta também Iolanda e, abraçando Isabel, explica sua presença:

– Eu passei em casa e encontrei o bilhete de Isabel. Então, resolvi vir ter com vocês.

– Pois foi muito bom – diz Iolanda. – Alfredo teve um pequeno problema e viemos conversar com Cláudio. Estamos aguardando que ele termine de atender outras pessoas.

– Você já jantou, Otávio? – pergunta-lhe Isabel.

XIV

– Não estou com fome, soldado – responde Oter, quando a comida lhe é oferecida pela pequena abertura, ao pé da porta do calabouço.

A cela na qual Oter está trancafiado mede, aproximadamente, dois metros de largura por três de comprimento, possuindo, junto à parede, sustentada por grossas correntes, uma tábua, que lhe serve de cama e, num dos cantos, um buraco, fechado com uma grossa grade de ferro, onde podem ser satisfeitas suas necessidades fisiológicas. Esse calabouço, localizado nos porões do castelo, tem seu acesso através de longa escada descendente que dá para uma ante-sala, onde, à sua volta, existem mais quatro compartimentos iguais ao que Oter ocupa. Todas essas celas não possuem janelas, mas, apenas, uma pesada porta de madeira, guarnecida por esquadrias de ferro, com uma pequenina janela ao centro, que possibilita, ao encarcerado, ver a ante-sala, isso, quando a portinhola que cerra essa janela estiver aberta. Essa ante-sala possui uma pesada mesa de pedras em seu centro e, numa parede, diversos instrumentos de tortura.

– Meu Deus – pensa –, até quando Alfius me deixará preso aqui? Será que Isidra também está neste calabouço?

Resolve, então, chamar o guarda e, para isso, bate fortemente à porta.

– Guarda! Guarda!

O soldado abre a portinhola e pergunta-lhe, gentilmente, porque sempre o respeitou e nem sabe por que ele está preso.

– Pois não, senhor conselheiro.

Oter nota a maneira com que o soldado o trata e sente-se mais seguro.

– Soldado, diga-me uma coisa: por acaso, há outros presos neste calabouço?

O soldado não sabe se deve responder ou não e olha para os lados para ver se ninguém o está ouvindo.

– Pode falar – insiste Oter. – Se me der algumas informações, terá toda a minha gratidão quando eu sair daqui. Você sabe como é o gênio de Alfius e quão temperamental ele é. Logo, logo, vai mandar me libertar – mente, na esperança de contar com o auxíio do homem.

– Bem... tem outros presos, sim.

– E quem são?

– Na primeira cela, há um menino de nome Armon.

– Um menino?!

– Foi preso ontem à noite.

– Meu Deus! E o que essa criança fez de mal?

– Isso eu não sei. Só sei que ele foi preso, juntamente com a Senhora.

– Preso com Isidra? Quer dizer que a Senhora também está presa, aqui?

– Está na cela ao seu lado.

– Armon deve ser o garoto que a levou até o outro lado do rio – imagina Oter. – E quem mais? – pergunta.

– Na cela, em frente desta, não sei quem está preso, porque chegou hoje, todo embrulhado em cobertores e proibiram-me de abrir a portinhola externa de sua porta. Somente Alfius poderá abri-la.

– Só pode ser Clauter – raciocina Oter.

– O senhor conselheiro quer saber mais alguma coisa? – pergunta o soldado, com medo que chegue alguém e o veja conversando com o preso.

– Saber, não, mas gostaria de conversar com a Senhora.

– Isso é impossível, meu senhor.

– Só por alguns minutos. Tenho a certeza de que ela saberá recompensá-lo muito bem.

– Não posso. E, além do mais, como poderia o senhor conversar com ela?

– Se você abrir a portinhola de sua cela, ela poderá ouvir-me e poderemos falar um com o outro.

– Não posso fazer isso. Se descobrirem, serei preso também. Na verdade, serei executado. Alfius é implacável com traidores.

– Escute. Você não pode trancar, por dentro, a porta que dá acesso a este calabouço?

– Ela está trancada.

– Então, abra a portinhola da cela da Senhora. Se alguém chegar, terá de bater à porta e, antes de abri-la, você fecha as nossas pequenas janelas.

– Está bem, mas só por alguns minutos. E falem baixo.

– Tudo bem.

O guarda abre a pequena janela da cela de Isidra e informa a ela que Oter, que está ao lado, vai falar-lhe.

– Oter?! Você também está preso?!

– O louco de seu marido me trancafiou aqui. Penso que já sabe de tudo.

– Sim. Ele estava me esperando, ontem, com soldados, quando atravessei o rio, de volta.

– Você chegou a avisar Clauter?

– Sim.

– Clauter está preso na cela em frente à nossa.

– Preso?! Mas, como?!

Oter conta, então, tudo o que acontecera de manhã e Isidra, por sua vez, narra-lhe como conseguira falar com Clauter e como fora presa.

– Clauter disse-me que Iole não sabia onde estava escondido o Colar.

– Devia saber, porque ela o entregou a Alfius. Na verdade, é uma ingênua mulher que queria salvar seu amo e vir morar no castelo. Você tinha razão, Isidra. Os dois parecem estar, emocionalmente, bastante envolvidos.

– E o garoto Armon? Ele foi preso, ontem à noite. Sabe onde ele está?

– Sei – responde Oter. – Está trancafiado aqui, na primeira cela.

– Meu Deus! Como Alfius é terrível! Escute, Oter, sabe se aconteceu alguma coisa à mãe dele? Alfius enviou alguns homens até sua casa, ontem à noite, mesmo.

– Viny e a filhinha estão mortas – responde o soldado.

– Oh, não! E Armon sabe disso?

– Acredito que não.

– E como aconteceram essas mortes, soldado?

– Atearam fogo na casa, quando a mãe e a menina estavam dormindo. A mãe morreu queimada e a menina foi salva por um soldado que teve pena dela, mas a alguns metros da casa, seu cavalo assustou-se e a garotinha escapou de seus braços, caindo desfiladeiro abaixo. Hoje, de manhã, retiraram seu corpinho morto, com um grande corte na cabeça.

– Eu sempre soube que Alfius não pensava duas

vezes em mandar executar quem atravessasse o seu caminho, mas nunca pensei que chegasse a tanto. Acho que ele está enlouquecido, inebriado pelo poder, Oter. O que poderemos fazer, pelo menos, para salvar nossas vidas?!

– Tenha calma, Senhora – pede o conselheiro. – Vou pensar numa solução. Afinal de contas, sou muito mais astuto que Alfius e, se souber agir com inteligência, quem sabe, conseguirei salvar os nossos pescoços?

– E o que vai fazer?

– Ainda não sei. Preciso pensar. Mas quero que tenha plena certeza de que farei tudo para tirá-la daqui. Nem que tenha de arriscar a minha vida.

– Obrigada, Oter. Confiarei em você.

– Abra a porta, soldado!!! – grita uma voz do lado de fora do calabouço.

– Preciso trancar as portinholas – pede o guarda, fechando-as e sai correndo para abrir a porta principal.

Oter e Isidra conseguem ouvir um pouco do que falam e percebem a voz de Alfius.

– Tirem este homem da cela e acorrentem-no à parede. Mãos e pés. E prestem muita atenção, todos vocês. Não falem com ninguém o que verão aqui ou mandarei cortar-lhes a língua! Vamos! Tirem o homem.

Oter fica na defensiva, pois não sabe se Alfius está referindo-se a ele ou a Clauter.

– Soltem-me, seus covardes! Soltem-me! – grita Clauter. – O que pensam que vão fazer comigo? Soldados covardes. Você aí! Sim, você! Olhe para mim e diga-me quantas vezes curei o seu filho. E você... você!... quantas vezes levou sua esposa para que eu a curasse da febre do peito? E você, Alfius?! Ainda morrerá por eu não estar presente.

– Cale-se! Cale-se! Maldito! Está aqui por sua própria culpa! Por que não me obedeceu?!

– Sempre cumpri suas leis, Alfius, mas acima de você, estão as leis dos sacerdotes druidas! E essas eu as cumpro, nem que tenha de morrer por isso. Mas morro de cabeça erguida, sem máculas, sem crimes nas costas. Morro com a mesma alegria com que um dia curei a visão de seu filho. Ingrato!

– Cale-se! Cale-se!

– Não me calo. Agora, você, irá morrer como um infeliz, vai morrer odiado, vai morrer vítima do próprio veneno, vai morrer amaldiçoado, vai morrer e encontrar, no inferno, todos aqueles que supliciou. E todos o estarão esperando para se vingarem.

– Cale-se!!!

E Oter ouve os sons de Clauter ser espancado por Alfius que quer, a todo custo, que ele se cale, até que, de repente, o silêncio anuncia que o curandeiro deve ter perdido os sentidos.

– Soldados! – esbraveja Alfius. – Acordem esse cretino com um balde d'água e tragam, para cá, Oter e a Senhora. Acorrentem-nos, também.

A porta, então, se abre e Oter é arrastado até uma das paredes, do lado direito de Clauter e preso pelos pés e mãos. Isidra, por sua vez, é acorrentada na parede à frente do curandeiro. Os soldados jogam água em Clauter e este parece despertar; já está bastante machucado, sangrando pela testa, nariz e boca. Isidra não se contém e começa a chorar, o que faz Alfius ficar mais feroz, ainda.

– Tenha dignidade, mulher, e não chore! Traidora! Vai pagar caro, sua traição! Você e Oter assistirão a tudo.

Dizendo isso, volta-se novamente para Clauter.

– Agora, que está mais calmo, vamos conversar. Olhe bem para seus amigos traidores. Quer que eu faça, com eles, o que acabei de fazer com você?

Clauter permanece em silêncio.

– Sei que não quer. Você é um bom homem, não é, Clauter? Agora, vou lhe mostrar uma coisa, que vai encher os seus olhos.

Dizendo isso, Alfius tira de dentro de suas vestes o embrulho de pele de javali.

– Reconhece isto?

– O Colar Sagrado... – balbucia, baixo.

– Ainda não o toquei, Clauter.

– Pois não o toque, Alfius... Você não tem o direito...

Alfius não responde e abre vagarosamente a pele, deixando o Colar a descoberto, sem tocá-lo.

– Veja. Ainda está incólume.

E o Colar brilha aos olhos de todos.

– Você o quer de volta, sem que os meus dedos o maculem, Clauter?

– O que quer em troca... ?

– Quero o segredo da Muscária.

– O que pretende fazer com ele?

– Quero saber o futuro.

– Para quê, Alfius?

– Serei poderoso. Mais do que sou.

– Se eu o ensinar, terá coragem de tomar de seu chá?

Alfius dá uma gargalhada.

– Sim, mas não sem antes fazer com que o prove e que Isidra e Oter também o provem. E que Iole o prove também.

– Onde está Iole?

– Ela está muito bem, Clauter. Neste momento deve estar se preparando para o nosso encontro, mais à noite.

– Eu conheço o segredo da Muscária, mas na verdade, nunca o preparei. Não sei se dará certo.

– Iremos tentando até acertar, Clauter. Apenas mostre-me como ela é e onde posso encontrá-la.

Clauter fica pensativo, pois aprendera a técnica de identificá-la e de como cultivá-la, mas nunca acreditou muito nessa lenda de ver o futuro com o seu chá. Na verdade, não acredita nisso, porém, sabe que é bastante mortal o seu veneno. E nisso pode acreditar. O que fazer? Tem de recuperar o Colar Sagrado.

– Tudo bem, Alfius, mas imponho uma condição.

– Que condição, Clauter?!

– Iremos buscá-la e eu trarei diversos tipos de cogumelos juntos. Na verdade, são todos parecidos. Prepararei o chá sozinho e faremos alguns testes. Se der certo, prometo revelá-lo a você, em troca do Colar Sagrado, mas faremos essa troca num terreno neutro e somente nós dois.

– E por que isso?

– Porque não confio em você e não quero que veja, pelo menos até termos efetuado a troca, qual cogumelo é a Muscária.

Alfius pensa um pouco e, não conseguindo encontrar uma outra proposta, principalmente, pela pressa que tem em desvendar o futuro do combate com Luriel, concorda com o curandeiro.

– Está bem, Clauter. Mas nada de truques ou eu o mato e a Isidra e Oter.

– Apenas mais um detalhe, Alfius.

– Qual? – pergunta, já irritado.

– Quero que Oter seja o primeiro a provar de seu chá.

O conselheiro quase desfalece ao ouvir essas palavras e contesta:

– Não! Não tomarei desse veneno! Por que faz isso

comigo, Clauter?! Tentei ajudá-lo! Arrisquei minha vida por você! Não faça isso comigo!

– Cale-se, Oter!!! – berra Alfius, dando-lhe forte bofetada no rosto.

– Por que está fazendo isso com ele, Clauter?! – grita Isidra. – Também arrisquei a minha vida por você e ele me ajudou.

– Cale-se, mulher! Cale-se, ou mato aquele garoto que a ajudou!

Isidra fica em silêncio.

– Por que quer que Oter seja o primeiro? – pergunta Alfius, curioso.

– Porque não gosto dele. Detesto esse homem.

– Você disse que seria o Padre Warlet! – grita Oter.

– Ele será o segundo, se não der certo com você! – berra Clauter.

– Vamos parar com isso! – ordena Alfius. – Não tenho tempo a perder. Soldados, soltem o curandeiro das correntes, mas amarrem as suas mãos. Iremos, agora mesmo, para a floresta, do outro lado do rio. Mas se estiver com algum truque, Clauter, vai morrer.

– Só mais uma coisa, Alfius – diz Clauter.

– O quê?

– Quero que solte Isidra e o garoto.

– Você deve estar ficando louco...

– Solte Isidra e o garoto, Alfius.

– Agora, não! Se quiser, eles poderão fazer parte da troca.

– Está bem – concorda o curandeiro.

– Vamos, soldados. Coloquem um capuz sobre a cabeça desse infeliz e vamos embora.

No pátio, colocam Clauter deitado, de bruços, sobre uma montaria e encaminham-se em direção ao rio. Alfius vai à frente, acompanhado por dez soldados, sendo que, um deles, é o que permitira que Oter conversasse com Isidra. Um dos soldados, de nome Terth, sabendo que aquele homem encapuzado sobre o cavalo é Clauter, pois presenciara toda a cena no calabouço, sente grande tristeza. Clauter salvara sua esposa e nunca soube que houvera feito mal a ninguém.

– Preciso ajudá-lo – pensa. – Sempre tive uma grande vontade de retribuir-lhe o que fez por nós e acho que, agora, chegou a oportunidade.

Atravessam o rio com a balsa e chegam rápido ao outro lado, pois todos os soldados movimentaram-se na missão de empurrar a embarcação.

– Vamos! Desçam todos! Tirem o capuz do homem.

O soldado Terth, então, apressa-se em cumprir as ordens e, ficando bem de frente a Clauter, tira-lhe o capuz e sussurra, sem que os outros o ouçam:

– Vou ajudá-lo. Dê-me um soco.

Clauter reconhece-o e dá-lhe um soco, mesmo com as duas mãos amarradas, gritando:

O SENHOR DAS TERRAS

– Tire suas mãos sujas de mim!

Terth abaixa-se de dor, com o nariz sangrando.

– Imaginei que fosse mais manso, Clauter – diz, sorrindo, Alfius. – Um belo soco.

– Deixe-me tomar conta dele, meu Senhor – pede Terth.

– Deixo, sim. Não saia de seu lado e, a qualquer tolice da parte dele, bata-lhe sem dó, mas não o quero morto.

– Pode deixar comigo, meu Senhor.

– Muito bem, Clauter, vamos colher os cogumelos.

– Posso amarrar uma corda no pescoço dele, meu Senhor? Assim não poderá fugir. Amarrarei a outra extremidade em meu punho.

– Boa idéia, soldado, e não tire os olhos de cima dele.

Terth obedece.

– Então, vamos. Você na frente, Clauter. Vá colhendo, mas não se esqueça de que não tenho tempo a perder. E, quanto a você, soldado, caminhe atrás dele e se deixá-lo escapar, corto-lhe a cabeça, aqui mesmo.

Clauter caminha para o interior da floresta, seguido, de perto, por Terth, que segura a corda amarrada em seu pescoço e, metros atrás, os outros soldados e Alfius. Vez ou outra, Clauter abaixa-se e apanha alguns cogumelos, colocando-os dentro de uma sacola.

– Pare de puxar a corda, cretino! Quer me enforcar?! – grita, fingindo.

– Isso é para mostrar-lhe que tenho seu pescoço em minhas mãos, curandeiro maldito. Vai pagar caro o soco!

Alfius diverte-se, dando estrondosa gargalhada, enquanto Clauter percebe que Terth está, realmente, do seu lado, pois fingira também.

– Já apanhou a Muscária, Clauter? – pergunta Alfius.

– Ora, não me amole!

Caminham bastante por dentro da floresta, com Clauter abaixando-se, de tempo em tempo, para apanhar os fungos. Em dado momento, ao abaixar-se por detrás de grossa árvore, conversa, por alguns minutos, em voz baixa, com Terth.

– Entendeu tudo? – pergunta, sussurrando.

– Entendi – responde o soldado, colocando a mão sobre o ombro do curandeiro e dando-lhe ligeiro aperto, em sinal de cumplicidade.

– Apanhe logo essa droga de cogumelo e vamos embora. Já estou cansado de andar – reclama Alfius.

– Você não está em condições de me dar ordens, Alfius. Não quer o chá? Então, ande, homem.

– Não me irrite, Clauter! Sabe como fico, quando irritado! Faço coisas que nem mesmo eu acredito tê-las feito. Sabe do que estou falando, não sabe?

XV

– Sei do que está falando, Alfredo – diz Cláudio. – Mas, por favor, sentem-se aí, em um dos bancos. Vocês vão assistir a uma sessão mediúnica. Depois, conversaremos a respeito.

– Sim.

Já são sete horas da noite e a sessão tem início. Na comprida mesa, sentam-se Cláudio, ao centro, e mais catorze pessoas, sendo seis homens e oito mulheres, dentre as quais, dona Paulina. Alguém apaga as luzes, deixando, apenas, uma pequena lâmpada, bem fraca, acesa, na entrada do salão. Pode-se ver, então, todos os presentes, através de uma suave penumbra.

– Bem, meus irmãos, vamos dar início aos trabalhos de hoje, com uma prece de abertura – diz Cláudio, fazendo, ele mesmo, a oração. – Vamos elevar o nosso pensamento ao Alto, rogando a Jesus, nosso mestre, a presença de nossos amigos espirituais para que dirijam este nosso trabalho e que eles possam nos auxiliar, imperfeitos instrumentos que somos, a fim de podermos colocar a nossa mente e o nosso coração a serviço do bem, auxiliando essas entidades sofredoras que aqui vêm, em busca de esclarecimento e auxílio.

Aproveitemos, também, este momento, para rogar a Deus, nosso Pai, que todas estas luzes e vibrações amoráveis deste ambiente, sejam, de alguma forma, levadas a todos os nossos irmãos que soluçam e sofrem e que não tiveram, ainda, a dádiva de conhecer esta Doutrina maravilhosa que, além de nos confortar, reforma o nosso íntimo e ilumina os nossos corações. E, assim, extremamente agradecidos, pedimos permissão para dar início a esta nossa reunião. Que Deus nos abençoe a todos.

Por alguns minutos, o silêncio se faz presente e Alfredo percebe uma grande paz em estar ali, naquele momento. Estranha e calmante vibração toma conta de seu ser, parecendo tranqüilizar todas as células de seu organismo, colocando-o num agradável torpor, como se estivesse a flutuar acima de seu corpo. Nota, a seguir, que um dos presentes na mesa, um senhor, aparentando pouco mais de cinqüenta anos, faz alguns movimentos, balbuciando algumas palavras ininteligíveis e Cláudio fala com ele, mansamente:

– Fale conosco, meu irmão. Que a paz de Jesus invada o seu coração. A que devemos o prazer de sua visita? Sinta a paz deste ambiente e, com muita calma, fale conosco. Que problema o aflige?

Isabel, então, sussura para Alfredo e Iolanda:

– Esse senhor é médium e um Espírito irá se comunicar por seu intermédio.

Ambos meneiam a cabeça, em sinal de entendimento, e, em seguida, o Espírito fala, através do médium.

– O que estou fazendo aqui?! Sinto muita dor no peito! Dê-me um remédio, pelo amor de Deus! Cadê o médico? E as enfermeiras? Ninguém atende ao meu chamado!

– Tenha calma, meu amigo – pede Cláudio. – Nós vamos auxiliá-lo.

– Não estou entendendo nada. Eu estava num hospital... não... isso foi ontem... eu estava em minha casa...

Percebe-se que o Espírito está bastante confuso.

– Estava em minha casa... mas... não me lembro de ter saído do hospital... que confusão em minha cabeça...

– Por favor, procure se acalmar e conte-nos: onde, realmente, o irmão estava?

– Eu acho... estava em minha casa... mas... ninguém, lá, falava comigo... minha esposa, meus filhos... queria falar com eles... mas não me ouviam. E essa dor no peito... o que está acontecendo?... fui pegar o meu dinheiro que estava guardado no cofre, mas ele não estava mais lá... o que fizeram com o meu dinheiro?... estou, por acaso, tendo um pesadelo?

– Não, meu irmão, você não está tendo um pesadelo. Ouça-me, agora, por favor. Repare bem neste local em que você se encontra e, principalmente, em seu corpo.

– ?

– Está percebendo que está falando através de uma outra pessoa?

– ?

– Fale conosco e veja como está conseguindo conversar.

– Eu... Meu Deus! O que é isso?! De quem é este corpo?! Não é o meu. O que está acontecendo?!

– Mais uma vez, peço-lhe muita calma. Procure abrir os olhos e veja quem está ao seu lado.

– Ao meu lado?!

– Sim. Está vendo?

– Não...

– Meus irmãos, vamos procurar mentalizar um foco de luz, que desce do Alto, em direção aos olhos desse nosso irmão necessitado, para que ele possa abrir a visão do Espírito.

– Espírito?! – pergunta.

– Sim. Você não percebeu, ainda? Abra bem os olhos e procure enxergar quem está ao seu lado.

– Meu Deus!!! É minha avó!!! Mas... ela já morreu...

– Ela não morreu, não, meu amigo. A morte não existe. O que existe é uma passagem do Espírito para a verdadeira vida que é a espiritual. Foi o que aconteceu com sua avó e ela, agora, veio ao seu encontro, assim

O SENHOR DAS TERRAS

como, outros Espíritos familiares e amigos vieram ao encontro dela, quando da morte de seu corpo físico. O corpo perece, mas o Espírito continua vivo.

– Mas... você não está querendo dizer, com isso, que eu morri, não é?! – pergunta, desesperado, o Espírito.

– Não, você não morreu, porque, como já lhe disse, a morte não existe.

– Mas... minha avó... ela está sorrindo para mim e está me chamando! Eu não quero ir com ela!

– Você não gosta dela?

– Gosto muito, mas não quero morrer! Sou moço, ainda, e tenho mulher e filhos.

Nesse momento, o Espírito entra em prantos, percebendo o que lhe acontecera.

– Não chore, meu amigo. Você está sendo agraciado com a benevolência de Deus, que permitiu viesse ter aqui conosco, para ser auxiliado por entidades bondosas e, principalmente, pela sua avó, que muito o ama.

– Agora entendo... então era por isso que ninguém respondia aos meus chamados. Ninguém estava me vendo.

– Sim.

– Eu não quero! Eu não quero! – grita o Espírito.

– Meu irmão, preste bastante atenção: como já lhe disse, a morte não existe, porém, esta passagem para a verdadeira vida não pode ser modificada. Você já desencarnou há algum tempo e está sofrendo esse verdadeiro pesadelo, porque, muito apegado à matéria e às pessoas, não conseguia visualizar o mundo espiritual. Então, foi trazido, a rogo de sua avó, até este trabalho mediúnico, para que, com o auxílio de nossas energias mais grosseiras, nosso fluido vital, pudesse enxergar e ouvir aqueles que querem auxiliá-lo. Sabemos que é um pouco difícil para certos Espíritos, como você, aceitar essa nova situação, porém, ela é irreversível. Peço-lhe, agora, que se acalme e se deixe envolver por essas vibrações de paz e amor que já estão tomando conta de você. Entregue-se aos braços carinhosos de sua avó e permita que ela e esses amigos espirituais o levem para um local muito agradável de refazimento, onde será tratado não só mentalmente, como, também, o seu próprio perispírito terá a paulatina recuperação, já que carrega as seqüelas da doença que o prostrou. Lá, poderá descansar e, depois, poderá entender e assimilar ensinamentos elevados que o farão compreender as verdades da vida e o tornarão apto a, num futuro bem próximo, auxiliar àqueles a quem tanto ama. Vá com eles e que Deus o abençoe.

Ao término dessas palavras, o médium tem um ligeiro estremecimento e o silêncio volta a reinar no salão do Centro.

Mais alguns minutos se passam e é a vez de uma senhora dar passividade à comunicação de um outro Espírito, desta vez, feminino, identificado pela vidência de Cláudio, que pede que o Espírito se pronuncie:

– Fale conosco, minha irmã. O que deseja? Percebo que está um pouco agitada e devo lhe avisar que esta é uma casa de oração e que, por esse motivo, merece o respeito que lhe é devido. Procure, então, conter os seus ímpetos, porque a médium não irá permitir que se utilize de toda essa agressividade que percebo em suas maneiras e em sua fisionomia.

– Minha fisionomia?! Por que minha fisionomia?! Por acaso ela o incomoda?! Quer ver o resto de meu corpo?! Quer?!!! Malditos!!! Todos vocês!!! Malditos sejam por toda a eternidade! Principalmente aquele assassino que está, ali, sentado!

E o médium aponta para Alfredo que se sente desfalecer com tamanho ódio do Espírito para com sua pessoa. – Meu Deus! O que é isto?! – pensa, bastante impressionado – O que foi que eu fiz?!

E o Espírito da mulher continua:

– Vou vingar-me de tudo o que ele fez comigo e com esta pobre e inocente criança, minha filha!

– Acalme-se, minha irmã. Vamos conversar com calma.

– Conversar com calma?! Quem você pensa que é para dar-me ordens?! Você também foi culpado, com sua teimosia! Lembra-se?! Por que não obedeceu às ordens daquele miserável, ali?!Por quê?! Por orgulho?! Por vaidade?! Quem vocês pensam que são?! Demorei a encontrá-los, mas agora, que consegui, não desistirei de minha vingança e vou acabar com vocês. E com aquela esposa dele! Traidora!!!

– De que você está falando, minha irmã?

– Você sabe muito bem! Esse, ali, vou conseguir

pegar deste lado! Já está com os dias contados e vou esperá-lo com esta tocha que, há séculos, não deixo apagar. Seu fogo é o mesmo que colocou termo à minha vida e desfigurou-me deste jeito. E esta pedra é a mesma que matou minha filhinha. Veja! Ainda está banhada de sangue! Sangue desta inocente criaturinha.

Alfredo sente-se sufocar como se o ar lhe faltasse à respiração. Enorme pavor toma conta de sua mente e seu coração parece querer abandonar o seu peito, tamanha a intensidade de seus batimentos.

– Meu Deus! – fala, em voz alta. – Essa deve ser a mulher que apareceu à minha frente, em minha casa. Com a criança no colo! Disse que seu nome é Viny.

– Não tenha receio, Alfredo – pede-lhe Cláudio. – Procure manter-se em oração, para que possamos auxiliar essa infeliz criatura.

Iolanda abraça o marido, deitando sua cabeça em seu ombro.

– Fique tranqüilo, Alfredo. Estamos na proteção dos Espíritos Superiores.

– Muito bem – continua Cláudio. – Quer dizer que a irmã está querendo fazer justiça com as próprias mãos?

– Quero e vou fazer!!! Ninguém sairá impune dessa história!

– Em primeiro lugar, gostaria de lhe dizer que, se realmente nós lhe fizemos algum mal e à sua filhinha, no passado, nós, humildemente, lhe rogamos o perdão e estamos prontos a resgatar esse mal.

– E irão resgatar, mesmo!!!

– Mas não pelas suas mãos, minha irmã. Iremos resgatar pelas mãos de Deus, nosso Pai e Senhor, porque Ele não confere a ninguém o direito de fazer a justiça que Lhe compete realizar. Deus, Todo-Poderoso, somente dá aos Espíritos, encarnados ou desencarnados, a prerrogativa de fazer o Bem em Seu nome. Nunca de fazer justiça com as próprias mãos. E àqueles que transgredirem essa conduta, será pedido contas de seus atos. Por isso, minha irmã, abandone essa idéia.

– Como abandonar essa idéia?! Não imagina, porventura, o que sofri por todos esses séculos?!

– Imagino, sim, e rogamos o seu perdão.

– Perdão?! Ainda continua a falar sobre isso?! Nunca!!!

– Minha irmã – continua Cláudio, pacientemente e com muito amor –, você já procurou saber o que aquele nosso irmão, ali, realizou, por todas as vidas por que já passou, desde esse acontecimento do qual o acusa?

– Não e nem quero.

– Pois deveria procurar saber e analisar com bastante carinho, para que não se arrependa de seus atos.

– Eu só sei o que ele fez com a minha filhinha.

– Que filhinha, minha irmã?

– Esta aqui, morta em meus braços.

– Sua filha não pode estar morta, minha irmã, porque a morte não existe.

– O quê?! É lógico que está morta!

– Por que ela deveria estar morta se você não está?

– ?

– Você está enceguecida por essa idéia fixa. Veja o que tem nas mãos.

– Cadê minha filha?!!! Onde está minha filha?!!! O que vocês fizeram com minha filhinha?!!! Ela estava em meus braços e, agora, não está mais!!!Onde está minha filha... onde está minha filhinha... ?

E o Espírito rompe em prantos, soluçando.

– Meus irmãos, vamos mentalizar uma luz tranqüilizadora sobre esta nossa pobre irmã que, cega de ódio e sofrimento, carregou, por séculos, em seus braços, a imagem plasmada de um bebê, fruto de seu amor e de sua revolta. Levemos até essa pobre infeliz os nossos maiores sentimentos de carinho e amor, para que ela consiga libertar-se desse sofrimento atroz. Mais uma vez, lhe peço, irmã querida, que se acalme e que ouça esse Espírito que quer lhe falar.

Nesse momento, um outro Espírito começa a falar com a mulher, através de um outro médium:

– Minha filha querida. Sou seu pai. Olhe para mim.

– Papai!!! Papai!!! Me ajude, meu pai!!! Quero a minha filhinha de volta aos meus braços. Estava morta, mas quero-a comigo.

– Filha, há muitos séculos venho seguindo-a nessa sua louca caminhada, à procura de seu algoz. Tenho tentado demovê-la dessa sua obstinação, mas você, ensurdecida e cega pelo ódio não conseguia me ouvir e ver. Aproveite, agora, esta oportunidade.

— Vou ouvi-lo, meu pai, pois estou muito cansada de todo este sofrimento. Fale.

— O moço tem razão, filha. Não temos o direito de querer fazer justiça com nossas próprias mãos. Você passou todo esse tempo perdida nos labirintos de sua mente e não pôde dar-se conta de tudo o que aconteceu, durante todo esse tempo. Venha comigo, que iremos para um lugar de muita luz, onde poderei ajudá-la e explicar-lhe tudo.

— E minha filha, papai? Onde ela está? Onde ela está, se o que carreguei, durante todo esse tempo, não passava de uma imagem? É verdade isso?

— Sim, filha querida. Mas venha comigo.

— E minha filha, pai? — insiste.

— Sua filha... minha neta... hoje, é uma criatura maravilhosa, muito boa, alegre, que viveu por muitas encarnações aprendendo a amar o próximo e auxiliando a todos que dela necessitavam.

— Verdade, pai?

— Pode acreditar, minha querida.

— E ela é feliz?

— É muito feliz.

— Posso vê-la?

— Um dia, a levarei para vê-la.

– E onde ela está, agora, papai? Só quero saber. Eu irei com o senhor.

– Hoje, minha filha, ela está no seio de uma família que lhe quer muito bem e que somente tem-lhe dado muito amor, principalmente, seu pai.

– Seu pai?

– Sim. Um Espírito que muito errou no passado, mas que, através de muitas encarnações foi se modificando e evoluindo, até que conseguiu, através de todas essas vidas sucessivas, amparar todas as criaturas a quem ele fez sofrer, e nossa querida menina era uma delas. Só faltava, mesmo, você.

– E quem é esse homem?

– Não preciso lhe dizer, pois já sabe de quem estou falando. Venha comigo, minha filha. Venha.

– Eu irei, meu pai.

E o silêncio volta a tomar conta da sala.

A seguir, mais três entidades sofredoras se comunicam, através de outros médiuns, e a reunião é encerrada com uma prece proferida por dona Paulina. Cláudio pede a Alfredo, a Iolanda e a Isabel que permaneçam no Centro e, após todos os presentes se retirarem, convida-os para se sentarem à mesa. Dona Paulina continua presente.

– O que achou da reunião, Alfredo?

– Penso que entendi, porque dona Paulina, antes da sessão, deu-me algumas explicações sobre o comportamento dos Espíritos, após a morte, quer dizer, após a desencarnação.

O SENHOR DAS TERRAS

– Certo. Apenas para reforçar, gostaria de dizer que os Espíritos, ao deixarem o corpo, irão encontrar aquilo que eles próprios semearam. Aqueles que praticaram o bem ao próximo, que estão libertos de sentimentos negativos, que estão livres do apego desenfreado à matéria, por si só, já adquiriram, ou melhor, já desenvolveram uma visão espiritual mais ampla e, quando partem para a verdadeira vida, conseguem visualizar entidades que comungam com esses mesmos pensamentos, com essas mesmas vibrações e são, por elas, auxiliados. Por outro lado, Espíritos que se deixaram envolver por sentimentos menos dignos, por um apego exagerado às coisas do mundo material, não conseguirão entrar nessa faixa vibratória e, então, muitas consequências podem advir. Uma delas, é a que você teve oportunidade de assistir quando aquela primeira entidade se comunicou. Era um Espírito que, tão enraizado estava com as coisas do mundo material, que nem se apercebeu de que já havia passado para o outro plano da vida e estava vivendo como se estivesse preso dentro de um sonho, no caso específico, um verdadeiro pesadelo. Esses Espíritos não conseguem identificar outras entidades que querem auxiliá-los e, muitas vezes, tornam-se presas fáceis dos Espíritos das trevas. No caso do Espírito, em questão, por intervenção de sua avó, foi possível, depois de algum tempo e auxiliado por entidades designadas a esse tipo de trabalho, ser trazido até nós para que, através de nossas vibrações, pudesse visualizar aqueles que queriam auxiliá-lo. Acredito que você entendeu.

– Somente nos Centros Espíritas pode ser feito esse tipo de trabalho?

– Uma boa pergunta, Alfredo. Na verdade, os Espíritos Superiores, que se encarregam desse tipo de auxílio, utilizam-se, também, de outros lugares e pessoas que, inconscientemente, doam suas energias, seus fluidos, para que entidades infelizes consigam se sintonizar com aqueles que os querem ajudar. E, fisicamente, isso pode ocorrer em qualquer local, onde haja sentimentos elevados de amor ao próximo, podendo ser utilizados desde templos religiosos, de qualquer natureza, até um simples lar, onde a luz do amor impere e o ilumine, através das benéficas vibrações de seus ocupantes.

– Entendo.

– Agora, existem outros Espíritos infelizes que, tanto ódio têm no coração contra alguém que se encontra neste plano material, que passam a obsediá-lo, através de um processo mente a mente, fazendo com que essa pessoa sofra as mais variadas situações de enfermidade mental e, até mesmo, física. Essas obsessões são muito comuns, também, no plano espiritual.

– Isso acontece com todos os que são, de alguma forma, odiados por um Espírito?

– Não, Alfredo. Para que alguém possa ser atingido por essas vibrações negativas, é necessário que, realmente, esteja também numa faixa vibratória mental negativa. Se ele estiver vivendo dentro dos nobres princípios do bem, dificilmente será atingido.

– Dona Paulina falou-me, também, de verdadeiras legiões do mal.

– Sim. Essas legiões que se comprazem em praticar

o mal, o fazem, na grande maioria das vezes, pela revolta que sentem em seus corações, por não terem encontrado, após a morte do corpo físico, o que seu orgulho e sua vaidade imaginavam encontrar. Geralmente, são Espíritos compromissados com a Espiritualidade, que reencarnaram com alguma sublime missão religiosa e que foram derrotados pelos descaminhos de seus próprios desejos de poder e de satisfação pessoal. E, evidentemente, possuem grande capacidade de comando, liderança e poder mental. Então criam, eles mesmos, legiões e se dão o direito de julgar e punir, mas sempre atraídos pelos desejos de poder e de gozos inferiores. São legiões capazes de escravizar muitas entidades infelizes que possuem a consciência pesada e que, hipnotizadas ou, mesmo, ameaçadas de toda a forma, prestam-se a nefandas e malfazejas atividades contra o próximo, seja ele encarnado ou desencarnado.

– E essa mulher que se comunicou? Você a viu?

– Eu a vi, sim.

– Ela tinha o rosto deformado e uma criança no colo, não é?

– Você a viu?

– Eu a vi em minha casa, hoje, de manhã, e ela disse que estaria me aguardando, após a minha morte, para vingar-se. E, há pouco, apontou para mim, acusando-me. O que é isso?

– Não se preocupe com ela, Alfredo. Graças a Deus, ela já está bem encaminhada pelo pai e não voltará mais a importuná-lo. Pelo contrário, muito fará, um dia, para auxiliá-lo.

– Será que, realmente, fiz algum mal a ela, em outra encarnação?

– Como já lhe pedi, não se preocupe com isso. Todos nós temos as nossas dívidas do passado, mas temos que nos preocupar com o nosso presente e com o nosso futuro, que é eterno.

– Se ela disse que estava me aguardando, é porque ela sabe que tenho os dias contados.

– Somente Deus o sabe, Alfredo, e se ela lhe falou isso, é porque, apenas, estava sabendo de seu problema. Não pense mais nisso.

– Vou tentar esquecer.

– Faça isso.

– Só queria que me dissesse mais uma coisa, Cláudio: você acha que serei curado?

– Você sente alguma dor?

– Não.

– Sua voz não voltou?

– Sim.

– Então agradeça a Deus por isso e entenda que o nosso futuro pertence a Ele. Nós estamos fazendo o possível por você. Entendeu, Alfredo?

XVI

– Já entendi, Clauter, não precisa falar mais! Você quer preparar o chá, sem que ninguém o veja. Tudo bem, mas nada de truques, já disse!

– Deixe que eu tomo conta dele, Senhor – pede Terth.

– Está bem. Você fica com ele, mas muito cuidado!

– Pode deixar. Esse maldito curandeiro não fará nenhum truque.

– Muito bem, soldados, vamos sair. Tranquem a porta e fiquem do lado de fora, vigiando.

Dizendo isso, Alfius e os soldados saem do calabouço, deixando em seu interior, na ante-sala, Clauter com seu saco de cogumelos e um pequeno tacho pendurado acima de uma fogueira para esquentar a água. Outros recipientes são, também, fornecidos ao curandeiro, a seu pedido. Oter e Isidra foram soltos das correntes e estão sentados num dos cantos, amarrados com cordas, pelos pulsos. Terth fica num outro canto a observá-los. Fizera tudo como Clauter lhe dissera, ou seja, pedira a Alfius para deixá-lo vigiando no interior do calabouço. Clauter abre, rapidamente, o saco de cogumelos, tira duas das espécies de dentro, deixando-as separadas. Retira o restante do saco e separa-os, também. Em seguida, dirige-se, em voz baixa, a Oter.

– Oter, preste muita atenção. Eu não trouxe a Muscária, mas trouxe outras espécies de fungo.

– Quer dizer que não vai me fazer provar aquele maldito veneno?

– É claro que não, Oter, ou pensou que ia fazer isso com você?

– Meu Deus! Não sabe o que passei até agora, pensando nisso.

– Cale-se, Oter, e ouça-me. Não temos tempo a perder. Preste atenção.

– E o soldado? – pergunta Oter, apontando para Terth.

– Não se preocupe. Ele está do nosso lado.

– Continue.

– Vou preparar dois chás. Um deles é totalmente inofensivo, mas o outro fará com que quem o tome entre num estado de torpor e comece a passar mal.

– Entendi. Dois chás. E o que devo fazer?

– Por enquanto não faça nada e deixe tudo por

O SENHOR DAS TERRAS

minha conta, mas quando eu lhe der o chá para beber, dizendo que é o da Muscária, quero que finja entrar em transe.

– E o que devo dizer?

– Você fingirá estar tendo visões do combate com Luriel e que está vendo Alfius lutando com ele, mas que não consegue ir mais adiante, porque esse futuro pertence a ele e que somente ele poderá visualizá-lo.

– Entendi. Você quer que eu o faça beber e, aí, você dará o outro chá para ele?

– Isso mesmo. Nesse exato momento, teremos que fugir.

– Mas, fugir como?

– Deixe por minha conta.

– Como iremos fugir deste calabouço, principalmente, se fizermos algo contra Alfius? E os soldados? – pergunta Isidra.

– Não se preocupe, Senhora. Vou dar um jeito para que a experimentação do chá seja feita do lado de fora do castelo.

– Oh, meu Deus! Será que vai dar certo?

– Tem de dar, Senhora. É a nossa única chance.

– E fugiremos para onde?

– Vocês irão comigo para o Norte, porém, se acontecer alguma coisa comigo, vocês devem correr para o interior da floresta, por detrás de minha casa e seguir a trilha da direita. Quando avistarem uma macieira, sozinha, no meio da floresta, procurem, atrás dela, uma trilha que os levará diretamente a uma aldeia no Norte, a dois dias de caminhada. Chegando, falem que estão lá em meu nome, contem toda a história e eles os tratarão muito bem. E se, porventura, der certo de eu recuperar o Colar Sagrado, levem-no até Waron. Ele o guardará para mim.

– Certo – concorda Oter –, mas por favor, vá conosco.

– Farei todo o possível, mas deixe-me trabalhar, agora – pede Clauter, voltando-se para os cogumelos e, parecendo ter muita prática no trato com essas plantas, começa a cortá-las em pequeninos pedaços. Separa um lote e joga-o no pequeno caldeirão, deixando-o ferver por algum tempo, despejando, em seguida, o líquido em uma das canecas que tem sobre a mesa. Faz o mesmo, com todos os tipos de cogumelos, tendo o cuidado de guardar, no pequeno saco, uma espécie intacta de cada um. Enche diversas canecas, marcando-as com sinais diferentes, por meio de diversas linhas coloridas, retiradas da roupa de Isidra, de Oter, da sua e do soldado.

– Pelo amor de Deus, Clauter, marque bem essas canecas. Não me dê o chá errado.

– Não se preocupe, Oter. Quero-o vivo para que leve Isidra e o garoto, em segurança, até o Norte, se algo me acontecer.

– Por que acha que algo pode lhe acontecer, Clauter? – pergunta Isidra.

– Não sei, Senhora, mas todo o cuidado é pouco.

O SENHOR DAS TERRAS

Nisso, a porta do calabouço se abre a Alfius entra na ante-sala, acompanhado dos soldados.

– Está pronto, Clauter? Estou impaciente.

– Pois terá de ter muita paciência, Alfius. O chá de Muscária, para ter o efeito desejado, tem de descansar por algum tempo, sem que se mexa nele, ou mesmo, o balance. Ele tem de descansar para apurar-se.

– Que história é essa, Clauter?! Não posso perder tempo.

– Terá de esperar ou nada dará certo.

– E quando poderemos fazer o teste?

– Somente à noite, Alfius.

– À noite?!

– À noite e tem que ser sob a luz do luar, debaixo do maior carvalho que existir, dentro de um raio de cinco milhas – inventa Clauter, sabendo que o maior carvalho naquelas paragens encontra-se do outro lado do rio, ao lado de sua casa.

– Não estou gostando nada disso, Clauter! Está me cheirando a algum truque seu.

– E você acha que estou em condições de me utilizar de algum truque? O que posso fazer contra você? Parece-me que está com medo.

– Eu, medo?! Medo de você? Está louco!

– Então, estamos combinados. À noite, debaixo do maior carvalho.

– O maior carvalho está do outro lado do rio, perto de sua casa.

– E quer lugar melhor?

– À noite virei buscá-lo.

Desvia o olhar para Oter e dá enorme gargalhada.

– Oter será o primeiro, Clauter?

– Será, e pela ordem, Isidra e depois o garoto.

– E se não conseguir com os três?

– Tenho certeza de conseguir, pelo menos com o segundo.

Alfius olha para a esposa e grita, com ódio:

– Pois gostaria que desse certo com o garoto! Assim, você mataria Oter e essa traidora.

– Pode ser, Alfius.

– À noite, virei buscá-lo, mas ai de você, se me enganar!

Dizendo isso, Alfius sai do calabouço, acompanhado pelos seus soldados. Na saída, dirige-se a Terth.

– Preste muita atenção nesse sujeito.

– Fique tranqüilo, meu Senhor.

Alfius, finalmente, sai.

– Asqueroso! – grita Isidra, cuspindo no chão. – Clauter, por que não o mata com um de seus cogumelos?

– Isso mesmo – concorda Oter. – Se o matar,

resolveremos todos os nossos problemas. Isidra herda seu lugar, você continua vivo e Iole volta para sua casa.

– Minha missão nesta Terra é salvar e não matar.

– Mas seria em legítima defesa.

– Não posso fazer isso. Me desculpem.

– Por que guardou cogumelos inteiros no saco?

– Quero que Alfius pense que um deles é a Muscária e que eu vou lhe ensinar a maneira de identificá-lo.

– Mas bem que ele merecia morrer – insiste Isidra.

– Você o odeia tanto assim?

– Acho que sempre o odiei, por todo o mal que já fez a muita gente. Você não pode imaginar, Clauter. Ele já mandou executar uma camareira, apenas porque ela não quis ceder aos seus desejos pecaminosos. Ele pensa que as mulheres são sua propriedade.

– Estou com muita pena de Iole.

– Também estou – diz Oter. – Se conseguirmos fugir, sem que ele tome conhecimento do segredo da Muscária, ele será capaz de descontar toda a sua ira contra ela.

– Não acredito, Oter – interfere Isidra. – Ele não manda executar mulheres que possam dar-lhe o que quer.

– Fico mais reconfortado com isso, mas mesmo assim, tenho pena dela. Irá sofrer muito. Está acostumada comigo que sempre lhe fui gentil e bom.

– Por que não a negocia, também?

– Ela não iria querer – responde Isidra. – Está, por demais, encantada com Alfius e com a riqueza do castelo. Mas não entendo por que tem pena dela, Clauter. Ela o traiu.

– Não devemos odiar as pessoas, Isidra. O ódio é um poderoso veneno que nos mata aos poucos. Além do mais, imagino que ela não fez o que fez apenas para vir morar no castelo. Tenho certeza de que pensou em mim, em primeiro lugar. Acredito que ela esteja tentando salvar a minha vida.

– E ela não poderia acompanhar Clauter até o Norte.

– Tem razão. Mas por que ela não pode voltar para o Norte, Clauter?

– É uma longa história, Isidra, e só a ela pertence. Vamos procurar descansar um pouco, agora. Esta noite será bastante cansativa e temos de guardar energias.

Clauter deita-se ao chão para descansar, aguardando a chegada da noite.

* * *

Duas balsas atravessam lentamente o rio, carregando, numa delas, Alfius, Clauter, Terth e cinco soldados, enquanto a outra transporta Oter, Isidra, o garoto e mais outros cinco homens de Alfius. O silêncio é pesado, ouvindo-se, somente, o som das varas sendo enfiadas na água. As canecas foram embrulhadas, uma a uma, em peles e estão dispostas, em pé, ao lado do curandeiro que pede o menor movimento na embarcação para que nenhum líquido seja derramado. Chegando à margem oposta, Clauter as carrega cuidadosamente para perto do carvalho e pede para que ninguém as toque.

– Não! Não! Não me façam beber o chá! – grita Oter, fingindo, admiravelmente bem, o medo da morte.

– Cale-se, homem! – berra Clauter, colaborando com a encenação. – Talvez não morra. Preparei a bebida como me foi ensinado.

– Vamos logo com isso! – grita Alfius.

– Quero silêncio na floresta! – ordena Clauter. – Tragam Oter.

– Não! Não! – continua a gritar, debatendo-se e tentando escapar das mãos dos soldados.

– Cale-se, Oter! – ordena, mais uma vez, o curandeiro. – Deitem-no aqui e tapem o seu nariz para que abra a boca.

– Não façam isso com ele – pede Isidra.

– Se ele não morrer, eu a mato, mulher! – declara Alfius.

– Muito bem, Alfius – fala Clauter. – Agora, o nosso trato. Se der certo, os sobreviventes ficarão livres e quero o Colar em minhas mãos. Somente aí, ensinarei o segredo a você.

– A Muscária está com você?

– Está aqui no saco juntamente com os outros.

– E o que vai me ensinar?

– Cada cogumelo destes, apesar de bastante parecidos, têm uma particularidade. Mostrarei a você a particularidade, o sinal da Muscária.

– E como vou acreditar que mostrará o correto?

– Teremos de confiar um no outro. Como posso acreditar que, em vez de me deixar ir embora, não me matará?

– Dou-lhe a minha palavra.

– Quero que me entregue o Colar Sagrado, agora.

– Não.

– Então, paro por aqui. Se quiser, poderá me matar.

– Está bem – concorda, tirando o embrulho de dentro da roupa e entregando-o a Clauter.

Alfius fica contrariado, mas satisfeito. Afinal de contas, já planejou o que irá fazer. Depois de conhecido o segredo, prenderá os quatro, novamente.

– Como esse Clauter pode ser tão tolo, confiando, assim, em mim? – pensa.

– Espero que Alfius não desconfie de nada. Afinal de contas, estou parecendo um tolo, aceitando esse seu trato – pensa Clauter, por sua vez. – Mas Alfius nunca me pareceu muito inteligente e é com isso que tenho de contar.

E, realmente, Clauter tem razão. Alfius nunca fora muito astuto, sempre vencendo tudo por meio da força e da violência. Sempre apoiou-se em Oter para tomar as mais complicadas decisões e, nos combates, sempre procurara ouvir as sugestões de estratégias de seu Chefe da Guarda que, neste instante, começa a desconfiar que algo está errado nessa história toda, mas prefere esperar para ver. Afinal de contas, estão bem armados contra um simples curandeiro, um frágil conselheiro, uma mulher e um garoto.

– Pois muito bem, Clauter. Faça Oter tomar a bebida.

– Não!!! – dá o último grito, tendo de abrir a boca para respirar ao ter o seu nariz tapado.

– Beba, homem! – ordena Clauter, enquanto faz com que o líquido lhe desça goela abaixo.

Oter bebe boa parte do chá até que Clauter retira a caneca e os soldados continuam segurando-o, deitado no chão.

– Segurem-no, homens, não sei qual vai ser a sua reação.

Alguns minutos se passam e Oter permanece em silêncio, apenas ouvindo-se a sua respiração ofegante. De repente dá um grito muito alto, parecendo o uivo de um lobo.

Alfius e Clauter aproximam-se dele.

– O que está sentindo, Oter? – pergunta o curandeiro.

Oter começa a rosnar e fala, aparentando dificuldade:

– Sinto... uma dor aguda... na boca do estômago e uma grande vertigem... parece que vou desmaiar.

– Controle-se, Oter. Não deixe a consciência esvair-se. Fique firme e preste atenção à sua mente. Pense no combate com Luriel, que é o que queremos saber. O que está vendo? – pede Clauter.

– Não sei... vejo uma grande nuvem de poeira.

– Nuvem de poeira? – pergunta Alfius.

– Está dando certo! – exclama Clauter. – Procure nos contar o que vê, Oter. Está dando certo e você não vai morrer.

– Não vou morrer...

– Não. Você não vai morrer – confirma o curandeiro, impressionado com a perfeita atuação de Oter – O que mais está vendo?

– Vejo muitos soldados a cavalo, aproximando-se.

– São muitos?! – quer saber Alfius.

– Muitos, mesmo.

– Dá para saber se é o exército de Luriel?

– Não... espere... sim... é ele... é o seu estandarte.

– Que mais, Oter?! Que mais?! – exalta-se Alfius, novamente.

– Deixe que eu falo com ele, Alfius – pede Clauter.

– Quero saber quem vai vencer o combate e o meu destino.

– Você ouviu, Oter. Consegue ver?

– Vejo os nossos soldados lutando e muitos morren-

O SENHOR DAS TERRAS

do, de ambos os lados... muito sangue... um combate sangrento.

— Você me vê, Oter?! Fale! – berra Alfius, tremendamente fora de si.

— Deixe-me ver... preciso girar os olhos por todos os lados... Sim! Sim! Vejo você!

— E o que vê?! O que estou fazendo?!

— Está lutando com Luriel.

— Meu Deus!

Alfius transpira por todos os poros e seu coração parece querer explodir o peito, tão disparado estão os seus batimentos.

— Fale, Oter!!! Fale!!!Quem está vencendo?!

— Está difícil dizer! Vocês estão lutando bravamente. Agora estão combatendo no chão porque caíram de seus cavalos.

— No chão?! No chão?! Sou melhor combatente quando montado. E o que mais?! Quem está vencendo?!

— Não consigo mais vê-lo. Tudo está se distanciando.

— Volte lá, Oter!!! Volte lá!!! Eu lhe ordeno!!! Volte!!!

— Não consigo...

— Seja homem e volte lá!

— Sim... agora vejo...

– O quê?

– Luriel.

– Luriel?!

– Espere... ele está falando alguma coisa...

– Falando?

– Sim... Ele fala... Ele chama você, Alfius.

– Para que está me chamando?

– Ele diz que se você quiser saber o resultado desse combate, terá de ir ver, você, mesmo.

– Eu?!

– Sim. Ele diz que não permitirá que esse desfecho seja mostrado a mim e que somente você terá acesso a ele. E ele está muito ferido, Alfius.

– Ele está muito ferido?! – exclama, entusiasmado – Quero ir até lá, Clauter. Tenho de ir até lá. Dê-me a caneca da Muscária.

– Senhor, pode ser perigoso – comenta o Chefe da Guarda, continuando a achar que alguma coisa está errada, ali.

– Cale-se, soldado! Preciso desvendar isso e tem de ser hoje.

Clauter afasta-se e traz outra caneca. Alfius, alucinado, toma-a das mãos do curandeiro e toma todo o seu conteúdo.

– Você tomou tudo, Alfius! – exclama, propositalmente, Clauter.

– O que tem isso? – pergunta o Chefe da Guarda, preocupado.

– Não sei... dei a Oter, apenas, metade.

– E daí? – insiste o soldado.

– Acho que é muito.

– Cale-se, Clauter, e você, também. Preciso concentrar-me.

Alguns minutos se passam até que a bebida começa a fazer efeito e, assim como Oter, Alfius dá um grito lancinante.

– Que dor! – geme.

– Agüente firme, Alfius. Logo começarão as visões. – pede Clauter fingindo e percebendo que, por mero acaso, Oter acertou na encenação.

– Aiiiiiii!!!!! – berra Alfius. – Que dor!!! Estou completamente zonzo... Faça alguma coisa, Clauter. Acho que vou morrer.

– O que está sentindo? – pergunta, fingindo preocupação.

– Uma dor muito forte.

– Está começando a ver?

– Não... não estou vendo nada...

E Alfius começa a falar, como se estivesse com a língua enrolada, enquanto seu corpo se retorce no chão e Clauter, percebendo o momento propício, dá o alerta:

– Soldado, acho que ele está passando muito mal.

Não era para tomar toda a bebida. Preciso dar-lhe um contraveneno.

– Contraveneno?!

– Sim. E preciso ser rápido.

– E como vai fazer isso?

– Tenho de pegá-lo em minha casa.

O Chefe da Guarda não sabe o que fazer e Clauter aproveita-se desse momento.

– Soldados, segurem Alfius, bem forte, para que ele não se debata muito.

E, dizendo isso, corre em direção à casa, pedindo ajuda a Oter, Isidra e ao garoto que, imediatamente, aproveitam-se da confusão dos soldados, para obedece-rem-no, sem que os homens os impeçam. Todos os soldados estão segurando Alfius que continua se retorcer, menos o Chefe da Guarda, que observa os três dirigirem-se, em disparada, atrás de Clauter.

– Alguma coisa está errada!

Quando Isidra, Oter e o garoto entram na casa de Clauter, este aponta-lhes a porta dos fundos.

– Corram o mais que puderem e não se esqueçam do que lhes ensinei. Quanto a você, Isidra, leve o Colar e, se eu não conseguir alcançá-los, entregue-o a Waron, como combinamos. Agora vão.

– Você não vem?

– Vou logo em seguida.

Clauter só pensa em salvar o Colar Sagrado e arrasta pesada mesa contra a porta da casa, a fim de dificultar a entrada dos soldados, se descobrirem toda a farsa. Apanha mais algumas coisas e já está pronto para sair, também, pela porta dos fundos, quando ouve passos que caminham em direção a ela. Fecha-a com pesada tranca e, espiando por um buraco na parede, vê que é o Chefe da Guarda que vem se aproximando, com sua espada em punho. Imediatamente, retira a mesa que colocara contra a porta da frente e sai por ela. Passa pelos soldados, que ainda seguram Alfius desfalecido e começa a correr em direção à floresta, em sentido oposto ao que Isidra, Oter e o garoto escaparam.

– Atrás dele, soldados – berra o Chefe da Guarda, já correndo em seu encalço.

Três dos soldados obedecem às suas ordens e conseguem apanhar Clauter, poucos metros adiante.

– Eu sabia que alguma coisa estava errada por aqui! – grita, triunfante, o soldado chefe.

– E os outros? – pergunta um outro homem.

– Devem ter fugido.

– Devemos vasculhar a floresta? – pergunta um outro.

– Não. Seria perder tempo. Já devem estar longe e poderíamos nos perder que é o que acontecerá a eles. Vamos embora. Carreguem o Senhor Alfius e não facilitem com o prisioneiro.

* * *

– Será que Clauter conseguiu fugir e está vindo também, Oter? – pergunta Isidra, já bem longe.

– Não sei, Senhora, mas penso que se ele tivesse conseguido, já teria nos alcançado – responde.

– Pobre Clauter. Arriscou-se por nós.

– Sempre foi um bom homem. Toda sua vida, dedicou-se a curar as pessoas, ao contrário de Alfius que sempre explorou o povo e nunca teve contemplação com ninguém. Será que ele nunca irá perceber o mal que faz?

XVII

– Faz apenas um ano que Alfredo tomou contato com o Espiritismo e veja o que ele já fez, heim, Otávio? – comenta Isabel, com o marido.

– É, mesmo. Que desenvolvimento ele deu àquele pequeno Centro Espírita! Alfredo sempre foi um homem de visão e de grande capacidade empreendedora. Aliás, sempre me impressionei com a facilidade que tem para organizar e administrar.

– Mas ele contribuiu muito, financeiramente, não foi?

– Sem dúvida, ele colocou algum dinheiro nessa obra, mas ele não deu, simplesmente, esse dinheiro. Ele investiu, comprando a fazenda para que ela, além de sustentar as obras assistenciais do Centro, dê oportunidade de serviço para aqueles mais necessitados de trabalho e, principalmente, do aprendizado de uma profissão. Que isso possa servir de exemplo para muita gente, porque, na verdade, ele provou que quando se quer realizar algo de útil, em benefício do próximo e sem interesses particulares, tudo é possível.

– E com que satisfação aquelas pessoas vão para o trabalho!

– Mais um ensinamento de Alfredo. Quantas e quantas vezes vemos uma pobre criatura mendigando um pedaço de pão, pedindo um pouco de dinheiro e já nos colocamos na posição de julgá-la, geralmente, taxando-a de inútil e vagabunda. Será que esses pobres, se tivessem tido a oportunidade que tivemos, não só de poderem estudar, mas principalmente, o apoio dos pais, ensinando-os, desde pequeninos, que o estudo é muito importante, não estariam, talvez, hoje, numa posição como a nossa ou, até, melhor? E quantas crianças não puderam estudar e, às vezes, nem mesmo aprenderam a ler e a escrever seus nomes, porque precisaram trabalhar desde cedo para ajudar no sustento do lar? E outros tantos irmãos nossos que, por problemas psicológicos ou obsessivos, que desconhecemos, não tiveram mais ânimo para fazer alguma coisa? Não podemos, realmente, prejulgar ninguém, principalmente pelo fato de desconhecermos como seríamos nós, se estivéssemos nas mesmas situações dessas pessoas. E o que temos de fazer, então, a esses pobres irmãos? Dar-lhes o apoio, mostrando a eles que ainda existem criaturas que se preocupam com os seus destinos.

– E é exatamente isso que Alfredo está desenvolvendo no Centro Espírita, fornecendo aos menos favorecidos pela sorte, não somente o apoio, o leito, o prato de comida, mas também, o mais importante: a chance de toda aquela gente voltar a confiar nos homens e em Deus.

– E um dos trabalhos mais importantes é na fazenda que Alfredo adquiriu, onde as pessoas que querem ter um lugar para morar e trabalhar são empregadas, passando, primeiro, por um período de aprendizado e, depois, auferindo um salário condizente com o seu trabalho, sem exploração de qualquer tipo. Aprendem todas as técnicas de plantio, e têm, também, a chance de participarem da horta e da granja comunitária que, tanto servem a eles como ao próprio trabalho de distribuição de alimentos aos pobres.

– Quanta coisa vem dessa fazenda, não é, Otávio? Leite, ovos, verduras, carne, frutas. Fico impressionada, também, em ver como já estão aparecendo outros empresários, interessados nesse tipo de atividade em benefício dos mais necessitados.

– Quando o trabalho é sério e honesto, Isabel, todos sentem vontade de participar e colaborar e, principalmente, seguir o exemplo dos que o fazem.

– E o curso para gestantes, que ensina às futuras mamães como cuidar de si mesmas, da criança recémnascida e da higiene pessoal?

– E quantos colaboradores apareceram para dar essas aulas, não é mesmo?

– É verdade. Alfredo está mesmo espalhando a Luz.

– Mas sabe, Isabel, estou um pouco preocupado com ele.

– Por quê?

– Hoje à tarde, ele reclamou comigo que a dor na garganta voltou e, agora, está sentindo, também, dores no abdome.

– Ele foi ao médico?

– Cláudio já pediu a ele que voltasse ao médico para novos exames.

– Ele já tinha ido, antes?

– Já, há dois meses e o médico, na ocasião, ficou muito impressionado com a sua melhora.

– Por que será que Cláudio pediu que ele voltasse ao médico?

– É isso que me preocupa.

– E ele já foi?

– Foi anteontem e alguns dos exames ficarão prontos amanhã.

– Tomara que não seja nada e que ele, realmente, esteja curado.

– Também espero.

– Iolanda está sabendo disso?

– Ele diz preferir ver os resultados, primeiro, para, depois, falar a ela.

– Fiquei com muita pena quando contou o seu problema de saúde para os filhos, apesar de já ter, na época, melhorado bastante.

– Falando em seus filhos, Carlinhos e Camila já

freqüentam, também, o Centro Espírita e fazem parte da Mocidade Espírita.

– Eu sei. Inclusive já os vi trabalhando lá, aos sábados.

* * *

– Mas o que é isso, meu Deus?! – exclama Iolanda ao ver, de manhã, uma poça de sangue por debaixo da cabeça de Alfredo, que está dormindo, sem se aperceber.

– Alfredo! Alfredo! – chama, tentando acordar o marido.

– O que foi, Iolanda?

– Veja!

Alfredo dá um pulo e põe-se de pé, ao lado da cama, passando a mão pela cabeça e pelo rosto, tentando descobrir de onde saíra todo aquele sangue que já empapara o seu pijama.

– De onde veio isso?! – pergunta, visivelmente assustado.

– Não sei, Alfredo – responde a esposa, tentando descobrir, examinando seu nariz, sua boca e seu ouvido.

Alfredo corre para perto de um espelho e examina, detidamente, a si próprio.

– Saiu do nariz, Iolanda.

– Pode ser que tenha arrebentado alguma pequena veia.

– Não, Iolanda, é muito sangue.

A esposa acha que o marido tem razão.

– Está sentindo alguma dor, Alfredo?

– Estou, sim. Bem na boca do estômago. Dói-me, também, a garganta.

– Acho melhor chamar o doutor Paes. O que você acha?

– Não sei...

– Vou chamá-lo, sim.

– Faça isso, Iolanda. Na verdade, não estou, mesmo, me sentindo bem.

Informado, por Iolanda, quanto aos sintomas de Alfredo, o médico pede que, imediatamente, ele seja internado, para fins de acompanhamento e novos exames. Uma ambulância é acionada e, algumas horas depois, Alfredo já está sendo atendido pelo doutor Paes, acompanhado de outros especialistas. Até a chegada ao Hospital, Iolanda e os filhos passaram por momentos bastante difíceis, porque Alfredo começara a sentir dores, cada vez mais fortes, principalmente na região abdominal, chegando a expelir mais sangue, agora, através dos intestinos.

– Você avisou Otávio, Carlinhos? – pergunta, Iolanda, aflita, na sala de espera de um dos pavilhões, onde Alfredo está sendo submetido a delicada e urgente cirurgia.

– Avisei, mamãe. Ele já está vindo.

– Eu telefonei para Isabel, mamãe – informa Camila, com os olhos inchados de chorar.

– Não chore mais, minha irmã – pede Carlinhos. – Precisamos ser fortes.

– Gostaria que Cláudio também fosse avisado.

– Isabel prometeu avisar.

– Meu Deus, ele estava tão bem. Até o doutor Paes estava impressionado com a sua melhora.

– Pensei que Cláudio estivesse conseguindo curá-lo – lamenta Camila, aparentando uma certa decepção pelo ocorrido.

– Não lamente, Camila – pede o irmão. – Vamos entregar a solução a Deus.

– E o que me dizem de orarmos pelo sucesso da operação? – sugere Iolanda.

– Muito bem lembrado, mamãe. Vamos nos compenetrar e cada um orar, em silêncio.

Cerram, então, os olhos e pedem a Deus, a Jesus e aos Amigos Espirituais que auxiliem Alfredo naquele momento. Lágrimas brotam de seus olhos, enquanto oram, por mais de quarenta minutos, até que chegam Otávio e Isabel que, carinhosamente, abraçam os três, pedindo-lhes muita fé e, principalmente, muita confiança nos desígnios do Alto.

– Alfredo ainda está na sala de cirurgia?

– Sim e já faz mais de uma hora.

– Vocês já reservaram um quarto?

– Ainda não, porque o doutor Paes nos disse que, após a operação, Alfredo ficaria em recuperação num Centro de Terapia Intensiva e que, lá, permaneceria por alguns dias.

– Entendo...

– Não vamos poder ver o papai? – pergunta, chorosa, Camila.

– Por ora, não, Camila. Mas talvez, amanhã, possamos visitá-lo nesse Centro de Terapia.

– Oh, meu Deus, ajude-nos – roga a filha.

– Por favor, Camila, acalme-se. Deus vai nos ajudar. Papai tem feito tanta coisa boa, depois que abraçou o Espiritismo... os Espíritos haverão de nos auxiliar.

Mais de duas horas se passam, quando, finalmente, o doutor Paes vem ter com eles.

– Então, doutor, como está Alfredo? – pergunta, angustiada, Iolanda.

O médico faz uma expressão sem muito significado, contorcendo um dos cantos do lábio e arqueando a sobrancelha oposta, como quem ainda não soubesse o que dizer.

– A cirurgia foi bem sucedida e Alfredo é muito forte. O câncer já havia ocupado boa parte de seu intestino, que tivemos que extirpar, procurando, também, efetuar uma limpeza em seu derredor. Não sei se me entendem.

– Sim, sim, estamos entendendo – concorda Carlinhos.

O SENHOR DAS TERRAS

– E o doutor acha que ele tem chances de sarar?

– Bem... é muito cedo para afirmar isso, porque precisamos aguardar algumas reações. Creio que, nessa região que operamos, nada mais restou da doença, mas infelizmente, tenho um pouco de receio pela sua garganta.

– Mas ele melhorou tanto. Até sua voz...

– Sim, dona Iolanda, fiquei impressionado com a melhora que ele teve depois que andou fazendo um trabalho com um médium. Foi o que ele me disse.

– Sim, com o médium Cláudio.

– Pois é. Fiquei tão impressionado que cheguei a pensar que ele estivesse curado. Tinha, até, me proposto a fazer uma visita a esse médium para ouvi-lo falar de como havia feito esse verdadeiro milagre, mas acontece que essa doença, muitas vezes, é cíclica, ou seja, ela aparece, podendo, depois, permanecer por algum tempo estável e depois, voltar à carga. O que posso lhe dizer é que, pelo menos, Alfredo não sofreu nada do que eu imaginara que iria sofrer. Mas agora, só nos resta aguardar a sua recuperação.

– E quanto à sua garganta, doutor Paes? O que se pode fazer? Haverá a possibilidade de uma cirurgia?

– Isso é o que iremos resolver. Quando Alfredo me procurou pela primeira vez, após minuciosos exames, cheguei à conclusão de que nada poderia ser feito, ou melhor, se tentássemos operá-lo, seria pior. Porém, com a melhora que ele teve, através desse médium, precisaremos avaliar, outra vez, a possibilidade de algum tratamento.

– Quer dizer que existe esperança para ele? Existe esperança de que ele se cure? – insiste Iolanda.

– Tudo é possível, minha senhora.

– Deus irá nos ajudar – complementa Isabel.

– E quando poderemos vê-lo?

– Talvez, amanhã, se tudo correr bem, como espero.

– Gostaria muito de permanecer aqui, no Hospital. – pede Iolanda.

– A senhora poderá pedir um quarto, se quiser, mas não vejo necessidade – responde o médico.

– Eu quero, sim – insiste.

– Providenciarei para você, Iolanda – promete Otávio.

– Por favor.

– Agora, se me dão licença, tenho de ver um outro paciente.

– Quando falaremos, novamente, com o senhor?

– Hoje à noite, virei ver Alfredo. A senhora, por favor, informe à minha secretária, em qual quarto estará. Eu irei até lá.

– Muito obrigada, doutor.

O médico se despede e sai. Mais alguns minutos se passam e, antes que Otávio vá providenciar o quarto, chega Cláudio, acompanhado de dona Paulina.

– Bom dia a todos – cumprimenta. – O que aconteceu com Alfredo? – pergunta, bastante preocupado.

Iolanda relata, então, ao médium, tudo o que acontecera naquele dia, desde a manhã, quando encontrara o marido banhado em sangue e com fortes dores.

– Meus irmãos, tenham confiança em Deus e em seus desígnios.

– O que não entendo, é que ele estava melhorando tanto e, agora...

– Procure acalmar-se, dona Iolanda, e não se revolte com nada.

– Mas... é meu marido e ele estava trabalhando tanto pelo Centro, pelos pobres... por quê?

– Ouçam-me com atenção, todos vocês – pede Cláudio. – Vamor orar bastante pela recuperação de Alfredo, rogando a Deus, nosso Pai, que ele possa se restabelecer e continuar com o trabalho maravilhoso que vem efetuando, em benefício de tantos irmãos nossos. Mas não podemos deixar de agradecer por tudo o que Alfredo recebeu da Providência Divina, através de seus mensageiros espirituais.

– É verdade... concorda Isabel.

– Procurem entender que quando Alfredo procurou o auxílio da Espiritualidade, ele estava condenado pela Medicina, que lhe previa apenas seis meses de vida e com bastante sofrimento. Lembrem-se de que Alfredo já não estava conseguindo expressar-se, tamanha a perda de sua voz e da dor que sentia na região da garganta. Além disso, não havia tido, ainda, o privilégio de tomar contato com a Doutrina Espírita. O que aconteceu, então, depois desse encontro dele com a Verdade?

– Estou entendendo. Mas por favor, continue. Sei que suas palavras nos farão muito bem.

– Repito a pergunta: o que aconteceu? Aconteceu que Alfredo foi grandemente auxiliado, primeiro, fisicamente, pois suas dores sumiram e nenhuma outra o acometeu, durante todo este ano que se passou. Sua voz voltou ao normal, o que o possibilitou de continuar a ter uma vida normal, não foi?

Todos meneiam a cabeça, em sinal de concordância.

– Pois bem, Alfredo que teria, repito, seis meses de vida, com bastante sofrimento, já alcançou um ano de vida normal e o que é mais importante: abraçou, de corpo e alma, uma Doutrina maravilhosa que o tornou credor da benevolência do Alto, através de tudo o que ele construiu, em benefício de seus semelhantes, com grande esforço e abnegação de sua parte. Hoje, Alfredo é uma pessoa mais feliz do que já era, pois consegue entender as verdades da vida, crê, piamente, que a vida não termina com a morte, pois ela é eterna e, por esse motivo, tornou-se um Espírito fortíssimo por suas convicções. É um Espírito feliz, sobre o qual nada pesa e nem abala, dada a extrema confiança que tem, hoje, em Deus, nosso Criador.

– Você tem razão, Cláudio – interrompe Otávio. – Todos nós, hoje, somos Espíritos bastante fortes e confiantes no futuro. Felizes, mesmo, em saber o quanto de momentos gratificantes, de muita luz, de muita paz, poderemos, um dia, alcançar.

– Não podemos negar que Alfredo foi, realmente, muito auxiliado pela Espiritualidade.

O SENHOR DAS TERRAS

– Mas... por que ele tem de passar por tudo isso? Eu sei que tudo é fruto de nossas vidas passadas, mas nesta, atual, ele sempre foi um homem tão bom – interfere Iolanda.

– Nós não conhecemos o nosso passado, e nem poderíamos, porque, muitas vezes, não teríamos forças para carregar tão pesado fardo na consciência e nem o resgate de algum de nossos atos podemos colocar na conta de alguma punição Divina, porque Deus não nos pune, nem castiga, nunca. Muitas coisas temos de resgatar, pela própria força das coisas, pela própria necessidade de vivenciarmos, a fim de aprendermos e, mesmo, inúmeras vezes, com nossa própria solicitação, porque, conscientes de nossos atos, achamos que somente sentindo-os na própria alma teremos condição de assimilar todo o ensinamento que ele encerra.

– Você tem razão, Cláudio – concorda, também, Carlinhos. – Mas é que é tão difícil quando surge o risco de perdermos o contato mais próximo com um Espírito que tanto amamos...

– Sei disso, mas não se esqueça de que perdemos, apenas, o contato físico e não o espiritual, que continua imperecível, através dos sentimentos nobres do coração, além do que, Deus, nosso Criador, não nos fez detentores de nenhuma posse sobre aqueles Espíritos que convivem mais de perto, conosco. Na verdade, Ele espera que tratemos todos os nossos irmãos com todo o amor e auxílio, sem nos apegarmos muito com os tênues laços sangüíneos da encarnação. É evidente que a nossa responsabilidade para com aqueles que formam o nosso círculo mais íntimo e afetivo, é maior. A família constitui uma pequena célula do Universo, na qual, temos a missão de aprender e ensinar, para que possamos praticar os mais nobres sentimentos, quais sejam, o amor ao próximo, o perdão, a paciência, a tolerância e a caridade do desprendimento de nossa vaidade, de nosso orgulho e de nosso egoísmo.

* * *

Quatro dias se passam e Alfredo já está no quarto, onde Iolanda, os filhos, Otávio e Isabel, revezam-se à sua cabeceira. Seu estado é bastante preocupante, pois a doença estabeleceu-se, definitivamente, em sua laringe, dificultando bastante sua respiração, ora auxiliada por respirador artificial. O doutor Paes, neste momento, encontra-se debruçado sobre vários exames, a fim de rever a possibilidade de uma cirurgia, enquanto todos estão presentes em pequena ante-sala, anexa ao quarto, inclusive Cláudio e dona Paulina, pois foram avisados sobre a piora do estado do paciente. Cláudio procura consolar a família, tecendo comentários sobre a impossibilidade de se fugir ao destino, onde o acaso não existe e a única possibilidade de se modificar qualquer programação é através do merecimento, que foi, justamente, o que ocorreu com Alfredo que, durante toda esta presente encarnação, muito procurou realizar em benefício de seus semelhantes, mesmo antes de se tornar espírita. Fala, inclusive, da grande assistência do plano espiritual nesse ano todo, em que ele foi beneficiado com o beneplácito de uma moratória em sua vida terrestre.

— Realmente, irmão Cláudio – comenta Iolanda –, não podemos reclamar ou revoltar-nos com nada. Deus sabe o que é o melhor para todos nós.

— Na verdade, Iolanda, muitos são curados de seus

O SENHOR DAS TERRAS

males físicos, vindo a desencarnar motivados por outras doenças, muito tempo depois, mas essa decisão depende do Alto e não de nós. E quantos, não vieram a contrair algum mal, somente para serem curados, a fim de que, após essa demonstração da influência do mundo espiritual, tomassem rumos outros em benefício de algo muito maior, já programado pela Espiritualidade?

Nesse momento, uma campainha, localizada do lado de fora da porta do quarto, que serve para alertar o corpo de enfermagem, dispara, com insistência, o que faz com que todos da ante-sala, assustados, dirijam-se para o quarto, no mesmo instante em que uma enfermeira e um enfermeiro entram pela porta externa. Dá para notar que o doutor Paes, debruçado sobre Alfredo, detém, no rosto, sinais de muita preocupação, confirmados pelas ordens rápidas que dá aos enfermeiros.

– Enfermeira, depressa, uma cânula e um bisturi. Rápido. Enfermeiro, aumente o oxigênio. Vocês todos – ordena, dirigindo-se a Iolanda e aos outros –, por favor, deixem o quarto, imediatamente. Não vão gostar de ver o que tenho de fazer.

– Meu Deus! O que está acontecendo?! – pergunta, assustada, Iolanda, enquanto Camila irrompe no choro. Otávio apressa-se em retirá-los do quarto, auxiliado por dona Paulina.

– Eu vou ficar – diz Cláudio a Otávio, fechando a porta, assim que a enfermeira retorna com os instrumentos que o médico pedira.

– O que será que está acontecendo? – pergunta Isabel.

XVIII

– Venha, Viny, hoje você terá a oportunidade de ver sua filhinha e seu filho.

– Graças a Deus, papai. Não sabia que aqueles dois jovens tinham sido os meus filhos, no passado. Passei séculos tentando encontrar meu algoz daquela época, para vingar-me, e hoje o encontro como pai de meus queridos filhos.

– E pai muito dedicado, Viny.

– O que aconteceu a ele?

Esta conversa tem como cenário uma cidade no além, onde pai e filha se preparam para uma viagem à crosta terrestre. Viny sofreu durante muitos séculos, desde que fora queimada, a mando de Alfius e teve a filhinha morta ao cair no penhasco. De seu filho Armon, que fugira juntamente com Oter e Isidra, nunca conseguira notícias. Possuía apenas uma imagem da filhinha, que criara em sua imaginação e que, inconscientemente, plasmara, a fim de carregá-la durante todos esses séculos, no colo, a clamar vingança contra Alfius. E, agora, um ano depois de comunicar-se no Centro Espírita de Cláudio, ficou sob a guarda de seu pai, Espírito bastante evoluído, que se incumbiu de propiciar a ela os conhecimentos e os caminhos da verdadeira vida.

– Minha filha, Alfius, após a sua libertação do corpo físico, sofreu, por muito tempo, a perseguição de Espíritos que ele muito prejudicou, em sua passagem pela Terra, como mandatário daquela região. Felizmente, após quase um século, conseguiu sentir as vibrações de amor dos abnegados Espíritos que tinham a missão de auxiliá-lo e rendeu-se ao sincero arrependimento de suas faltas, comprometendo-se a resgatá-las. E, durante todos os séculos que se seguiram, através de várias reencarnações, procurou abrigar sob a sua tutela todos aqueles que ainda sofriam, pela lancinante dor do ódio e da revolta. Nessa sua caminhada, tomou para si a sublime missão de fundar escolas, orfanatos, hospitais e, sempre, alguma fazenda para os trabalhadores da terra. Com tudo isso, conseguiu, à custa de muito sacrifício, transformar todas as vibrações de ódio em sentimentos de amor e reconhecimento ao seu trabalho. E, presentemente, nesta sua passagem pelo orbe terrestre, resgata, não por castigo, nem por punição, mas por sua livre deliberação, um dos últimos compromissos que ele próprio reconhece de suma importância para a sua elevação espiritual. Recordou, mais uma vez, as verdades da vida, através de Cláudio, Espírito que o acompanha em sua peregrinação evolutiva, dando, a todos, mais um exemplo de desprendimento, construindo um local de socorro aos irmãos mais necessitados. O que você vai presenciar, hoje, pode

O SENHOR DAS TERRAS

aparentar, aos seus olhos, ainda neófitos, um sofrimento desnecessário, mas para ele, representará uma libertação de sua alma ávida de justiça para consigo próprio. Sentirá as benesses divinas que só um coração liberto pode sentir. Mas vamos nos locomover até a crosta, que a hora é chegada.

E, assim, pai e filha dirigem-se até o Hospital, onde Alfredo encontra-se internado. À porta do quarto, mais algumas entidades de luz se fazem presentes, estando, algumas delas, em situação de aprendizes, acompanha-das por seus Instrutores. Viny, então, é convidada pelo pai a ouvir as explicações de um dos mentores daquela equipe.

– Meus irmãos, temos acompanhado, em serviço de aprendizado, os últimos meses da vida material de Alfredo e todos vocês já têm ciência de uma de suas encarnações como Senhor das Terras. Hoje, terão a oportunidade de colaborar na assistência a esse Espírito, em sua desencarnação, onde aprenderão uma grande lição: a de que não podemos, simplesmente, condenar ninguém pelos atos que pratica, mas sim, auxiliá-lo a modificar-se, mesmo porque, todos nós, um dia, que não podemos ainda nos recordar, pudemos ter sido, também, iguais ou até mesmo piores que aqueles a quem nossa inferioridade nos leva à condenação. É o caso desse nosso irmão, que durante muitos séculos lutou muito no resga-te de suas faltas, procurando arrebanhar todos os seus credores, a fim de eliminar, de seus corações, todas as vibrações negativas que ele próprio instilara. E, aqui, ao nosso lado, temos a nossa irmã Viny, a última de suas vítimas que, hoje, já consciente da sublime justiça de Deus, nosso Pai, aqui vem para acompanhar-nos na recepção a esse nosso irmão, valoroso guerreiro no combate às suas próprias imperfeições. Mas vamos, que a hora se aproxima.

Dizendo isso, abraça ternamente a mulher e entram todos no quarto de Alfredo. Na ante-sala, encontram-se Iolanda, os filhos, Otávio, Isabel e dona Paulina.

– Meus filhos! – exclama Viny ao ver Camila e Carlinhos, abraçados em Iolanda, chorosos e angustiados.

– Meu Deus! Ajude o papai! Um homem tão bom... – ora Camila, profundamente.

Viny abraça os filhos e percebe, por suas vibrações, o quanto amam o pai e passa a sentir enorme carinho por aquele homem que tanto amor conquistou deles, e que tanto amor lhes deve ter dado. E, afagando carinhosamente os jovens, consegue acalmá-los.

– Vamos entrar, Viny.

Alfredo está deitado no leito, com profunda expressão de desespero, ante a falta de ar que sente nos pulmões, ocasionada pela obstrução da laringe, toda tomada pelo câncer. Ao seu lado, enfermeiros tomam algumas providências, enquanto o médico calça rapidamente um par de luvas de borracha. Cláudio encontra-se aos pés do leito, bem à frente do enfermo.

– É Clauter? – pergunta Viny, emocionada.

– Sim. É Cláudio, o dedicado médium.

XIX

Na noite seguinte, Clauter encontra-se acorrentado no calabouço e Alfius, já recuperado, o ameaça:

– Maldito! Conseguiu enganar-me. Você e aqueles traidores, principalmente Oter. Mas vou pegá-los, custe o que custar!

– Eles já estão longe, Alfius.

– Cale-se! – berra, dando forte bofetada no rosto do curandeiro. – Onde está o Colar Sagrado?

– Está bem longe e será entregue a quem, de direito, também pode tocá-lo.

– Maldito! Três vezes maldito! Quero o Colar e o segredo da Muscária!

– Nunca os terá e sabe por quê?

– ?

– Porque você não passa de um perfeito idiota, enganado por Oter na frente de seus soldados.

E Clauter solta estridente gargalhada.

– Você ri?! Ri?! Então ria disso!!!

E, dando um grito de ódio, Alfius enfia um punhal na garganta do curandeiro que, arregalando os olhos de dor, rapidamente os cerra para a vida material.

XX

– Passe-me o bisturi e a cânula, enfermeira. Rápido! – ordena o doutor Paes. – Prepare o respirador.

– Está pronto.

– É a nossa última chance.

Dizendo isso, o médico introduz o bisturi na traquéia de Alfredo e, em seguida, a cânula, ligada ao respirador artificial. Alfredo arregala os olhos e seu peito enche-se de ar, fazendo com que, por alguns segundos, volte a ter consciência e consiga perceber a presença de Cláudio, a confundir-se com a imagem de Clauter, com um brilhante e dourado colar no pescoço. E, num sussurro ofegante, mas feliz e com um triunfante sorriso nos lábios, Alfredo abandona o corpo, após um breve entendimento com ele.

– Per... doe... -me, Clau... ter.

Cláudio, visivelmente emocionado, meneia a cabeça, em sinal afirmativo, proferindo, sem saber por que, dentro de sua mente, uma terna despedida:

– Até um dia, Senhor das Terras. Que Deus o abençoe.